孩子读得懂的 哲学思维

陈汝 著
安安 绘

北京理工大学出版社
BEIJING INSTITUTE OF TECHNOLOGY PRESS

版权专有 侵权必究

图书在版编目（CIP）数据

孩子读得懂的哲学思维 / 陈汝著；安安绘. -- 北京：北京理工大学出版社，2022.6
ISBN 978-7-5763-1181-5

Ⅰ.①孩… Ⅱ.①陈… ②安… Ⅲ.①哲学—少儿读物 Ⅳ.①B-49

中国版本图书馆CIP数据核字（2022）第049982号

出版发行 /	北京理工大学出版社有限责任公司
社　　址 /	北京市海淀区中关村南大街5号
邮　　编 /	100081
电　　话 /	（010）68914775（总编室）
	（010）82562903（教材售后服务热线）
	（010）68944723（其他图书服务热线）
网　　址 /	http://www.bitpress.com.cn
经　　销 /	全国各地新华书店
印　　刷 /	三河市金元印装有限公司
开　　本 /	889毫米×1194毫米　1/16
印　　张 /	11
字　　数 /	140千字
版　　次 /	2022年6月第1版　2022年6月第1次印刷
定　　价 /	59.00元
责任编辑 /	徐艳君
文案编辑 /	徐艳君
责任校对 /	刘亚男
责任印制 /	施胜娟

图书出现印装质量问题，请拨打售后服务热线，本社负责调换

前言
PREFACE

哲学（philosophy）源自古希腊人创造的词语 φιλοσοφία / philosophia，从词根来看，它的意思是爱智慧、追寻智慧，毕达哥拉斯最早使用了这个词语，用来表示自己是追寻真理之人（即哲学家），以区别于追求名誉或利益的人。

可是并非所有人都能够或必须成为哲学家，那哲学和我们每个人有什么关系呢？

其实，在日常生活中，我们在提问题的时候，在问各种"为什么"的时候，就是在寻求智慧！只要我们在思考，哲学就可能发生，因此，哲学包含在所有人的本性之中。

在所有人中，孩子们尤其爱问各种问题，有些问题甚至让大人都难以应付，他们的功利心很弱，更多是出于好奇。或许我们可以说，在追寻智慧的道路上，孩子们离哲学家更近。

那么，从这本书开始，让我们和孩子一起思考，一起追寻智慧吧！

目 录
CONTENTS

第一章　认识自己　　001

　　一、"好"与"不好"，谁说了算　　005

　　二、男女有别，"别"在哪里　　009

　　三、梦想是个"动词"　　013

第二章　学习　　017

　　一、为什么要学习　　021

　　二、对或错，是个令人头痛的问题　　025

　　三、天赋和努力，哪个重要　　028

第三章　变通　　031

　　一、变与不变　　035

　　二、变化的规律　　039

　　三、变通的思维　　042

第四章　友谊　　045

　　一、你是我的好朋友　　049

　　二、以朋友为镜　　052

　　三、君子的友谊　　054

第五章　幸福　　057

　　一、幸福，一种满足感　　061

　　二、不幸的人和幸福的人　　063

第六章　善良　　067

　　一、人之初，性本善？　　071

　　二、"良心"的奥秘　　074

　　三、善良也是有门槛的　　078

第七章　美好　　081

　　一、谁也比不上罗娜美　　085

　　二、善良第一，美丽第二　　088

第八章　智慧　　093

　　一、聪明的机器人　　097

　　二、冒牌的智慧　　100

　　三、一条关于智慧的神谕　　103

第九章　和谐	105	第十二章　哲学家与哲学	143
一、疾病的教训	109	哲学始祖泰勒斯	144
二、"和"而不同	113	芝诺与神奇的乌龟	146
		苏格拉底和他的助产术	148
第十章　生命	117	柏拉图的洞穴	151
一、生命诚可贵	121	安瑟尔谟和他的上帝	154
二、身和心	125	笛卡儿的怀疑	157
三、一场辩论赛	129	康德与时空眼镜	160
		哲学大师黑格尔	162
第十一章　社会	131	尼采和他的超人	164
一、从学校到社会	135	蒯因：译不准和归纳法	166
二、分配的难题	139	维特根斯坦：消除哲学问题	168

第一章

认识自己

哲理小结：

匹诺曹一开始因为自己不是人类而感到沮丧，他认为只有和人类长得一样才叫漂亮，因此他非常渴望改变自己。来到魔法森林后，树精们却认为木偶匹诺曹已经足够漂亮和精致了。

在人类眼中，他只是个普通的木头玩偶，但人类的想法就是准确的吗？

其实啊，只有适合自己的才是最好的，适合自己才能活得更加精彩哦。

一、"好"与"不好",谁说了算

古希腊的一位智者普罗泰戈拉有一句流传很广的名言:人是万物的尺度。

这句话应该怎么理解呢?是说人是尺子吗?人怎么会是尺子呢?

我们都知道,尺子是用来量东西长短的,上数学课的时候我们会拿尺子量三角形的边长,让尺子来告诉我们,哪条边长,哪条边短。

而这句话的意思是,人也是尺子,人以自身为标准,来评价事物是长是短、是好是坏。后来苏格拉底和柏拉图等哲学家都认为这种说法是错误的。

那我们就来思考一下,这句话究竟意味着什么,以及它到底对不对。

阳阳的表弟来阳阳家玩,阳阳妈妈烧了一桌子好菜,有红烧肉、清蒸鲈鱼、糖醋排骨、炒西兰花和蘑菇鸡汤。

阳阳说:"糖醋排骨最好吃了,特别是外面裹着的那层酸酸甜甜的酱汁,我真想不到有什么能比它更好吃了!"

表弟马上表示反对:"红烧肉最好吃!阿姨做的红烧肉吃过一次就忘不了,嘿嘿,自从上次在你家吃了就一直惦记着呢。"

阳阳的爸爸则比较喜欢吃鱼,他劝孩子们多吃鱼:"这鱼肉啊,不仅低脂肪,还富含蛋白质。"

阳阳妈妈喜欢喝汤:"喝一碗汤全身暖烘烘的,吃饭前都先喝点儿吧。"说着就给每个人都盛了一碗鸡汤。

只有桌子上的一盘西兰花被大家冷落了。

> **思考：好不好吃，谁说了算？**

每个人都是通过自己的感受而产生喜恶的，从味觉上说，我们不可能知道这道菜在别人的嘴里是什么味道。

阳阳、表弟、爸爸和妈妈四个人的喜好各不相同，我们能只凭其中一个人的喜好来判断一道菜是好吃还是难吃吗？

正所谓"众口难调"，每个人的感受不同，我们怎么能仅凭自己的口味，就说别人说的不对呢？而且，就算是那盘被人冷落的西兰花，也是十分有营养的呢，我们能因为没人喜欢吃就说它不好吗？

从听觉上说，几个人一起听一首歌，有人觉得好听极了，可有人就觉得是噪声。从视觉上说，几个人坐在不同的方位，共同看向摆在中间的一个杯子，每个人看到的画面都是不同的，有的人看到的是杯子正面的图案，有的人看到的是杯子把手……

诸如此类的例子很多很多，同学们可以在生活中慢慢发现。

于是，我们得出这样的结论：我们根据自己的味觉、听觉、视觉、嗅觉、触觉五感，只能说出自己的感受，却不能只凭自己的感受来说一个东西到底是"好"还是"不好"。

阳阳跟爸爸妈妈去动物园玩，在靠近大门的水陆两栖爬行动物馆里，几只大乌龟格外显眼，工作人员介绍说，这些是生活在陆地上的陆龟，普通的龟只能活几十年，这些行动迟缓得像放慢动作的陆龟，却能活上百年呢！馆里最大的那只已经一百零一岁了。

阳阳十分惊讶，它们的寿命竟然比人类还长许多！

随后他们又来到鸟禽类展区，几只学舌的鹦鹉引来许多人的围观，阳阳也随着人群凑了上去。饲养员说了一句"你好"，鹦鹉立马学着说了句"你好"，引得大伙儿连连称赞鸟儿聪明。阳阳问饲养员:"这些鹦鹉真的懂得'你好'是什么意思吗?"饲养员笑道:"它们只是会发出一样的声音,并不知道'你好'是什么意思哦!对鸟儿们来说,叽叽喳喳的叫声才是它们的语言。"

最后阳阳跟爸爸妈妈又参观了水族馆,看着水里那些悠闲畅游的鱼儿,阳阳有些入迷。他在心里想着:鸟儿们能在天空中翱翔,鱼儿们能在水中畅游,它们都有一片属于自己的广阔世界呢!

❓ 思考:好与不好,谁说了算?

我们人类要比行动迟缓的陆龟灵敏很多,但就寿命而言,比不过它们长寿;人类有着专属的、复杂的语言系统,其他动物看似不会"说话",却也拥有一套属于它们的交流方式;人类虽说能上天下海,但必须依靠各种工具,而鸟儿们天生就能飞行,鱼儿们天生就能在水中呼吸……

人类常常把自己誉为"高级动物",但就某些方面来说,我们还比不上"低级动物"。即便对植物来说,小草、花朵、树木只需要充足的阳光和水分就可以生生不息,而我们除了离不开阳光和水,还要吃饭、工作、学习等才能生存,所以,我们有什么资格去说生物不如我们呢?

人类就好比是个导演,根据自己影片的需求,给世间万物安排了不同的角色。可是,鱼儿、牛、羊并不是一生下来就注定成为人类食物的;可爱的小猫小狗最开始也不是作为人类的宠物而存在的;拉车的马儿、拉磨的驴子、耕地的老黄牛、救援的工作犬……它们一开始也不是为人类服务而出现的,这些动物和我们一样,都是地球上的生灵,它们是什么角色并不应该由人类来决定。

人是什么呢?是缥缈宇宙中的沧海一粟罢了,宇宙中有1000多亿个星系,而我们生活的地球只是银河系400亿颗星球的其中一颗。

所以呀,人类把自己当成地球的主人未免有些狂妄,对环境和其他生物的掠夺,终将会自食恶果。

同学们，你们肩负着人类的未来，希望你们记得，我们不应该以裁判员的姿态去对待其他的人和事，而应该像探险家一样，保持着好奇和敬畏之心，去勇敢探索前方的未知！

二、男女有别，"别"在哪里

在日常生活中我们发现，人分为男和女两种性别，对于同学们来说，这是一个大家都知道的事实：人不是生下来就分为男性和女性吗？

然而哲学家波伏娃认为，性别不是天生的，而是被塑造而成的。

这似乎和我们平日里想的很不一样，难道我们的性别不是在出生的时候就确定下来了吗？其实波伏娃的意思是，性别不仅和我们出生时的身体构造有关，还受到我们后天经验的影响，其中可大有学问嘞！

转眼间阳阳就二年级了。新学期开学之前，阳阳的爸爸妈妈带着阳阳去商场挑选学习用品。

琳琅满目的商品令阳阳眼花缭乱，阳阳拉着爸爸妈妈来到了一家卖书包的店。原来阳阳早就相中了一款书包，这款书包的外侧有很多小袋子，每个袋子有不同的功能，有的是为装笔设计的，有的可以固定水杯，并且这款书包能防水，下雨天再也不怕把里面的书淋湿了。当然！最重要的是它是《名侦探柯南》的限量版周边，柯南是阳阳很喜欢的一个动漫人物，阳阳希望自己也成为像柯南一样聪明的男生。

阳阳兴高采烈地对爸爸说："我早就看中这个书包了，爸爸，就买它吧！"

站在旁边的售货员听到了，充满歉意地说道："同学，真的不好意思呢，这个书包被那边那位小姑娘要了。"售货员指了指正在另一边付款的一家人，看来也是爸爸妈妈带着孩子来买开学用品的。"我们这里还剩一个同款的，不过不是蓝色的，是粉红色的呢！"

阳阳闷闷不乐，心想：我才不要粉红色呢，这是小女生的颜色，背到学校是要被同班同学笑话的，为什么那个女生不选粉红色，偏偏要和我抢呢？蓝色根本不适合她呀！唉……

阳阳心里嘀咕的时候，那边一家人付完钱了，那个小女孩一蹦一跳地过来拿走了书包，阳阳羡慕却也没有别的办法了。

? 思考：颜色也有性别划分吗？

如果你是阳阳，你会不会要那个比较"女孩子气"的粉红色书包呢？为什么呢？

如果你也和阳阳一样觉得男生用粉红色的书包不太适合，那么，我们来思考一下，这种看法是不是真的有道理呢？

首先，没有任何一项规定写着"粉红是属于女孩子的，蓝色是属于男孩子的"，但是，大部分人好像商量好了似的做出了符合这种"规定"的举动。

在其他事情上也出现了类似的现象，就拿我们平常喜欢玩的玩具来说吧，乐高积木、飞机模型、赛车、坦克，大家通常认为，这些都是男孩儿们的最爱，而女孩儿则更喜欢芭比娃娃、动物玩偶、玩过家家。如果哪位同学的喜好与这种意见不同，就会被人们用奇怪的眼光打量，久而久之，不少同学为了合群，就服从了这种规定。

其实，无论颜色，还是玩具，它们本身是没有性别划分的，我们没有任何理由把某个颜色指派给哪一边。每个人，无论性别，都有选择自己喜欢的事物的权利：女孩儿也可以不喜欢娃娃，而选择各种机械模型；男孩儿也可以拥有各种漂亮的玩偶，因为追求美是人的天性。

2

开学第一天,阳阳踏进教室,发现了不少新面孔。

第一节课老师按照个头高矮给大家调整了座位,阳阳惊讶地发现,那天买书包时遇到的女孩儿就坐在他前面。

老师让班上新来的几个同学做了自我介绍。"我叫乐乐,爱好运动,最近刚开始学习跆拳道……"

原来那个女孩儿叫乐乐呀!

乐乐介绍自己的时候声音洪亮而自信,和她旁边坐着的那个男生形成鲜明的对比,那个男生倒是文文静静,说话的时候还有点儿害羞。

班上的同学也发现了这一点。下课的时候,阳阳隐隐约约听到几个同学说什么"'娘娘'腔和'男人婆'刚好坐在一起,还挺般配的……",时不时还传来咯咯笑的声音。

阳阳不想去附和那些同学,觉得这样说是不对的,但是他又不知道该怎么去劝说同学们不要这样做,毕竟阳阳自己还没把这道理想明白呢。

? 思考:个性也有性别划分吗?

我们当然知道,像"娘娘腔""男人婆"这类字眼,不应该用到别人身上,因为它们会对别人造成伤害,是对别人的不尊重。那我们要怎么说服别人不这么说呢?我们一起来帮阳阳理一理思路吧!

当我们说一个人是"娘娘腔""男人婆"时,其实我们是在说他违反了我们平常对男孩儿和女孩儿的刻板印象:男孩儿应该刚强,女孩儿应该温柔。

当一个小男孩受委屈,忍不住想要哭鼻子时,人们总说"男子汉大丈夫不能哭哭啼啼的",于是他只好憋了回去。同样,班级里那些大大咧咧、喜欢行侠仗义的女孩儿就很容易被视为异类,受人嘲笑。

我们为什么不允许有温柔的、心思细腻的男孩子，或是坚强勇敢的女孩子呢？这些美好的品质不应该局限在某种性别上。

因此，不要让那些没有道理的规定束缚自己，性别不应该用来限制自身。

男女有别，这意味着我们应该懂得欣赏异性身上的优秀之处，尊重彼此，取长补短，让自己成为更好的人。

三、梦想是个"动词"

哲学家萨特说:"存在先于本质。"这句话曾经风靡一时,影响到文学艺术、社会生活的各个方面。

哲学家总会说出一些简短又神秘的句子,让人摸不着头脑。这句话的意思是,人和其他事物的不同之处在于,人能够决定自己长成什么样子,而其他事物则没有这种能力。

一颗松树种子从落入土壤的那一刻起,就注定要长成松树,无论如何,它也不可能长成一棵银杏树。但人不一样,从呱呱坠地那一刻起,并没有一个确定的模型摆在面前,告诉我们这就是你要长成的样子。

也就是说,我们决定自己未来的样子,是成为科学家、工程师、艺术家、劳动者还是成为无所事事的游民?是成为心中有大爱的梦想家,还是成为斤斤计较的小市民?这些都取决于我们时时刻刻的行动。

周五的最后一节课,语文老师布置了一项特别的作业,大家周末回家想想自己的"梦想"是什么,下周随机选几名同学上台给大家分享自己的想法。

虽然不是很难的作业,但阳阳还是有点儿忧心,一来是在许多同学面前发言这种事情,阳阳并不擅长;二来是"梦想"这种东西,阳阳虽然思考过,但没想出个一二来,万一被抽中上台,讲得结结巴巴,那岂不丢脸!

"妈妈,你小时候有梦想吗?"吃完晚饭,一家人坐在沙发上,阳阳问道。

"有啊!我小时候就想做一名医生,后来报了医学专业,如今终于在这个行业扎根啦!你怎么突然问起这个呢?"妈妈回答说。

"老师让我们谈谈自己的梦想,但我总是没有办法确定自己的梦想是什么。我觉得当警察挺好的,能够像柯南那样为社会除恶;有时候我又想做画家,这样就可以创作出各种精彩的漫画故事了；我还想过当牙医，根治一切牙病，尤其是在我牙疼得厉害的时候。想法总是千变万化的，而且它们看起来都那么遥远……"

爸爸听了阳阳的一番话，哈哈大笑，"有想法是好事啊，我们可以用想法指导我们的行动呀！从最简单的开始做起，平时把学校的功课认真完成，这是最基本的。另外，要不这个学期咱们报个绘画的兴趣班，怎么样？"

"好呀！谢谢爸爸！"阳阳十分开心。

"那就这么定了，这意味着你周末看电视的时间就变少了很多。要想增长知识、学会技能，就要用玩乐的时间来替换呀！想要变成自己心目中的模样可不是一件轻松的事情。"爸爸说道。

"没问题。但是，万一我没有画画的天赋呢？"

"凡事做了才知道，先行动起来，迈出第一步。还有呀，你真的不能再吃糖了，而且得勤刷牙，不然牙医也救不了你啦！"

❓ 思考：如何让梦想不只是"想想而已"？

想必大家对未来都有各种美好的期待，小到一个学期结束后的成绩，大到以后要成为怎样的人。那如何让这些美好的梦想在现实中真正发生呢？

这就取决于我们踏出去的每一步、所作的每一个选择了。

一个人每天上课打瞌睡，回家把书包一扔就跑出去玩游戏，如此这般日复一日，到了学期末是不可能拿到好成绩的。一个学期下来什么收获也没有，如此这般年复一年，可能连大学都考不上，更别提要成为伟大的人物了。

当然，我们并不是说每个人都要成为伟大的人物，只是告诉大家，你未来成为什么样子的人，取决于你当下的选择。当你有一个下午的空闲时间，你选择怎么利用它呢？是去画室学习画画，还是去和哥哥姐姐一起打羽毛球，抑或是打开电视机看动画片？

你的选择将带你走向不同的结果：你的绘画技能提升了，你学会打羽毛球了，你享受了一个悠闲舒适的下午。

每一天你所作出的选择、所付诸的行动都将为你的未来添砖加瓦。就像在游戏里打怪升级一样，每打败一个妖怪（完成一项任务），就能上升一个等级，解锁新的技能。

人不像花草树木、飞禽走兽，人是可以有梦想的，我们拥有无限的潜能，可以成为自己想要成为的任何样子。而连接梦想与现实之间的桥梁，就是我们每一天实实在在的生活。

梦想不单单是在脑海中勾勒出一幅美妙的景象，而是要用这幅蓝图指引我们的每一次行动。当然，你也可以选择为自己的偷懒寻找种种借口，但这种后果也只会落在自己身上——现实和梦想之间的距离永远遥不可及。

第二章

学习

哲理小结：

　　反应最快、脑袋最灵活的老大选择了用稻草盖房子，因为用稻草最简单轻松，果然，他最快盖好了房子。老二用木头，稍微慢一些，但也不难。笨笨的老三只剩砖头可以用，砖头又小又重，需要一块块地垒。这么看来，反应最慢的老三最吃亏了！

　　但是，盖好的房子如果住不了又有什么用呢？老三虽然又憨又笨，但是只有它盖的房子经得起风吹雨打。可见，有时候一时的机灵并不管用，甚至还会带我们走向错误的道路。聪明的确是件好事，但踏实的努力也是必不可少的！

一、为什么要学习

亚里士多德说:"求知是人的天性。"也就是说,人们总是希望掌握关于世界万物的知识。

比如,当对某样东西一无所知时,我们就会追问"为什么","知识"就是对这些"为什么"的解答。

真的是这样吗?

同学们大概要说:"难道不是'爱玩是孩子的天性'吗?要是不用上学,天天能和同学们玩耍,那才符合我们的天性呢!听课、写作业和玩耍相比,当然是玩耍更快乐啦!"

这么一看,学习反倒像是压抑了我们的天性呢,那么,我们为什么还要学习呢?

阳阳从阿姨家回来之后就闷闷不乐,阳阳妈妈发现阳阳苦着脸,就很关心地问他怎么了。

"我觉得哥哥姐姐不喜欢和我玩,肯定是嫌我笨。今天上午他们俩下象棋,玩得可带劲了。我在旁边看着,什么都看不懂,也插不上话,真像个傻子一样。"阳阳皱着眉头,很不开心。

"我也不好意思问,一来是他们玩得很开心,不想打扰人家;二来是……"阳阳补充道,"我也不想让他们觉得我很笨,连象棋都不会玩。"

阳阳一番话刚说完,爸爸已经从家里找出了一副棋盘,拿到他跟前。"来,今天我就教你下象棋。"

"先把棋摆好，摆棋是有规矩的……"

"哎！你别急，中国象棋呢，是红色的棋子先走。因为象棋的形成和古时候的楚汉相争有着密切的联系。红色代表汉军，红色的帅是刘邦；黑色代表楚军，黑色的将是项羽，当年是刘邦带领汉军率先进攻的。"

"这个马呀，要这样走，像日的形状；象呢，则要走田字形。"

"炮能隔山打牛，车走直线，这个小兵过河了就只能往前走了。"

……

阳阳既开心又感叹，原来象棋的学问这么多呢！看来想要和哥哥姐姐们一起玩游戏，也不是一件简单的事呢！

? 思考：能不能只玩耍，不学习呢？

聪明的你发现了吗？在玩游戏之前，我们先得学会怎么玩。并且，我们要动脑筋，思考各种策略，才有可能在游戏中成为赢家。你看，这就又和学习扯上关系了，要是不学习，连"玩"也变得不可能。

其实不只是玩游戏，"学习"已经成为我们生活中必不可少的一项活动。

我们刚来到这个世界的时候，并不明白这个世界的各种规则。如何使用筷子，怎么系鞋带，这些日常生活中看着不起眼，却又少不了的事，我们都得向大人学习。

我们从只会咿咿呀呀，到能够叫出"爸爸""妈妈"，再到能够说出一句完整的话，这都是一种学习的过程。由此可见，不学习，生活都没有办法正常进行呢。

不知道什么时候，阳阳班上突然刮起了一股"读书无用"的风气。大概是班上家境最富裕的同学小杉起的头，他时不时会向人炫耀自己新买的衣服、鞋子和玩具，言语间透露出优越感，以及对其他同学的轻视。

"读书没什么用处呀！以后长大了，我也要和我爸爸妈妈一样去做生意，学这些语文、数学、英语有什么意思呢？我可以请别人来帮我算账，遇到外国人也用不着我自己出头，雇个翻译就行了。"

"读书真没意思，我以后要做老板。你们学这些也当不了老板，读的书再多，顶多给人做高级顾问。"

同学们看小杉想要买什么就能买什么，都挺羡慕他的。有些同学听了他的话，觉得好像真是那么一回事，于是也附和着他，认为读书真的没多大好处。看着小杉那副不可一世的样子，阳阳在心里犯嘀咕：真的是这样吗？

? 思考：读书无用吗？

我们知道，上面提到过，学习实用的知识是为了生活。比如，学着使用筷子是为了吃饭，毕竟饿肚子可不好受，这很好理解。那么，我们每天在学校学习语文、数学、英语等科目，是为了什么呢？

首先我们来看看小杉的观点：读这些书不能当老板。

当老板，也就是一家企业的管理者，我们需要什么能力呢？

首先，我们总得与人沟通、谈判吧，不然怎么招揽生意呢？语文恰好锻炼了我们的表达和理解能力。其次，我们得看懂基本的账单、税单，不然你的财产被人私吞了，你却不知道，这不就会破产吗？数学在这里正好派上用场。再次，要扩大自己的企业，走向国际市场，英语就会帮你很大的忙，如果你连国外的新闻都看不懂，那肯定会丧失很多商机。

可见，要做好老板，必须多读书多学习。

当然，我们读书不仅是为了赚钱，更是为了增长智慧、完善自我，以及为社会发展贡献出一份自己的力量。

为什么只有人类建立起社会，建造出高楼，发明了各种自然界生长不出来的东西，成为地球上最高级的居民呢？因为人类会通过读书学习增长本领。其实动物也会学习，它们和自己的爸爸妈妈学习寻找食物、自我保护，但是它们没有像我们一样的学校，也不可能学习语文、数学等有趣的科目。

二、对或错，是个令人头痛的问题

对和错有明确的界限吗？

对于这个问题，大部分同学可能会马上异口同声地答："那是当然的！考试的时候，答错题可是要扣分的。"

但是，事实果真如此吗？

就拿最简单的一道数学题"1+1=2"为例子吧，它是永远正确的吗？

一个手指头加一个手指头等于两个手指头，一个苹果加一个苹果等于两个苹果，这些的确是对的。

但再想想看，情况似乎没那么简单：一堆稻谷加一堆稻谷等于什么呢？两堆稻谷吗？当你将两堆稻谷合并在一起的时候，其实就变成了一堆体积更大的稻谷。再比如，一滴水和另一滴水汇聚起来还是一滴水……诸如此类的事例都向我们表明，在具体的情境中，"1+1=2"并不都是对的。

看来，我们有必要重新看待"对与错"的问题了。

阳阳在课外书中看到了这样一个故事，觉得十分有意思，但是怎么也想不明白，让我们来看看这是怎样的故事吧！

相传，著名的教育家孔子往东边游历的时候，在路上遇到两个小孩子，他们正争论得起劲。孔子走上前问他们在争论什么，原来他们是在讨论太阳的距离问题。

孩子甲认为，早上的太阳离我们近些，中午的太阳离我们远些。他给出的理由是：早上的太阳看起来大一些，像车盖子一样；中午的太阳看起来小一些，像一个圆盘。因为当我们距离事物较近时，事物会显得大一些，所以早上的太阳离我们更近。

孩子乙则认为，早上的太阳离我们远些，中午的太阳离我们更近。他给出的理由是：

早上太阳刚出来时，感觉还是凉凉的，中午天气就变得很热。因为当我们离太阳近的时候，才会更热，所以中午的太阳离我们更近。

孔子听了他们的争论，竟无法判定谁是对的。因为，按照他们的推理，他们的结论似乎都能成立。

？ 思考：你认为谁对谁错呢？

首先我们来思考一下，这两个孩子是如何得出不同结论的呢？

孩子甲是依靠眼睛，按照"近大远小"的规则判断的。比如，我们看着远处的一个人，和我们旁边的人比，远处的人看起来要小很多。再比如，当我们坐在飞机上向下看时，各种庞大的建筑物此时就像蚂蚁一般大小。

孩子乙是依靠身体对温度的感觉。比如，当我们坐在一堆燃烧的柴火旁时，肯定是离得越近，越觉得暖和。

这两种相反的观点，按照他们的理由，看起来都很有道理，那是他们讲得都对吗？事实恰好相反。

首先，我们来纠正孩子甲的观点。

眼睛看东西时是会出错的。早上的太阳刚刚升起，它的背景是暗色的天空，太阳相比来说更加明亮，自然会显得更大。中午时，太阳的背景是一片明亮的蓝天，太阳的亮度和它的背景相比差距不大，于是看起来就会小些。这是人的视觉误差。

至于孩子乙，温度的差别则是因为早上太阳初升时，一个晚上没有阳光照射，温度肯定比较低。中午，太阳已经照射好几个小时了，气温当然要比早上高。所以通常来说（天气情况不变时），中午比早上要热些。

因此，这两种看起来有道理的说法都是错误的。

在现代，有科学家专门研究过这个问题，发现在一年之中，有的月份太阳早上离我们更近，有的则是中午更近。

由此可见，判断一个问题的对错真不是一件简单的事情呢。我们要先分析具体的情况，然后下判断，就像"1+1=2"只有在某些情况下才是对的。

并且，要获得真理，不能指望某个权威人士，或是某一本参考书，我们应该在请教他人或书本之后，自己去思考、去实践、去验证。错误并不可怕，知道自己错了，才有可能走向正确之路。

三、天赋和努力，哪个重要

龟兔赛跑的故事大家肯定都听过了，乌龟竟然通过持续的努力，在跑步比赛中赢过了擅长跑步的兔子。

我们可以把乌龟想象成一个在某门功课上没有太多天赋的孩子，兔子则代表着那些在某门功课中有优势的孩子，也就是说，"不那么聪明"的孩子通过努力，甚至能够超越那些被人称为"天资聪颖"的孩子。

可是故事中的兔子是因为睡觉才输了比赛，正常情况下，一只乌龟再怎么爬，也没有兔子跳得快呀！这听起来真的很让人沮丧，作为一个不具备聪明天赋的同学，是不是注定要做那个落后的乌龟呢？

阳阳的好朋友小慧是数学课代表，小慧每次数学成绩在年级中都名列前茅。阳阳既羡慕又有点儿懊恼，因为据阳阳观察，小慧平时听课、写作业也没费多大劲，而自己明明认真听了课，却时常会在做题目时卡住。

要是只有数学一门科目比不过小慧，那也没什么。可事实上，小慧在语文、英语上也略胜阳阳一筹，这让阳阳内心十分受挫。每当看到好朋友取得很好的成绩时，阳阳一边替她高兴，一边质疑自己：难道我真的比她笨一些吗？

? 思考：我是聪明的孩子吗？

我们常常会听到老师或家长夸奖那些班级里成绩好的同学"聪明"，仿佛成绩排名靠后，考试得分比较低的同学都比他们笨。真的是这样吗？

其实分数并不一定能代表一个人的聪明程度，我们不能单单凭借试卷上的分数就肯定或者否定一个人的智力。

分数是怎么得来的呢？当然是把试卷上的题目答对，写得尽量符合标准答案。通过上一篇的讨论，我们已经知道，"1+1=2"也要视情况而定，标准答案不等于"真理"，那么我们也就很容易想明白，分数高并不一定代表你比别人思维更敏捷。通常来说，考一次不错的分数只能代表你某段时间的学习成果。

我们不能"以分数论英雄"，每个人都有自己擅长的东西。多多观察，你会发现，有些每天打打闹闹、成绩并不理想的同学总是能够活跃班级气氛，和许多人打成一片；有些内向、不善表达的同学却有着很强的动手能力，能够做出各种令人称赞的小玩意儿。

这么一说，每个同学都是聪明的孩子。

阳阳把自己的烦恼告诉了妈妈，妈妈给阳阳讲了一个故事。

宋朝有个叫方仲永的神童，家里祖祖辈辈以种田为生，没人教他读书写字。但他从五岁开始，就自发地会写诗作文。乡亲们指定一个事物，让他写诗，他便立即可以写出十分优秀的诗句来。

渐渐地，他的名声传了出去，开始有人花钱请他作诗。他的父亲发现有利可图，便带着他到处拜访，用他来给家里赚钱。

可是这样就耽误了他的学业。随着方仲永年龄的增长，他的才能也渐渐消失了，变得和普通人没什么区别。

"你看，天才不努力也不行啊！听小慧的妈妈说，她每天回家都会自觉地学习、读书呢。她在假期里，还主动向高年级的同学借课本，提前学完了三年级的数学。你不用再怀疑自己的脑瓜子啦，要是想取得好分数，多花点时间，更努力才行！"

? 思考：有天赋就够了吗？

方仲永的故事打破了我们对天才的幻想，我们羡慕天才少年，认为他们可以轻轻松松取得成就，事实上，那些厉害的人往往是很努力的。

著名数学家华罗庚就说过，"一分辛苦一分才"，别人每天工作八个小时，而他工作十二个小时以上才会安心，这种努力使他从一名初中毕业生成为一名大学教师，直至著名的数学家。

一棵长成参天大树的树苗，如果不好好浇灌，可能长得还不如一棵普通的小树。天赋的确很重要，但唯有通过努力，天赋才有可能展现出来。

是乌龟还是兔子，这不是我们自己能够决定的。但可以肯定的是，通过努力奋斗，乌龟也有获胜的希望，而兔子如果太贪睡的话，只会浪费自己的天赋。

第三章

变通

哲理小结：

著名童话《卖火柴的小女孩》中，小女孩在寒冷的圣诞夜站在大街上卖火柴，却没有一个人来买，可怜的女孩儿最终冻死在街头。

这个故事让人十分心痛，要是你遇到了这个小女孩，会怎么帮她呢？

在我们的漫画中，小女孩遇到了善良又聪明的一家人。原来在冬季，每家每户的壁炉始终都是烧着的，火柴起不到作用，需求量自然很小，而壁炉里的木炭倒是需要不停地更换，木炭的需求量必然很大。如果小女孩改卖木炭，那么她很快就能赚到钱啦！

所以呀，多多思考、善于变通，会有意想不到的收获哦！

一、变与不变

赫拉克利特是古希腊有名的哲学家,他曾经说:"人不能够踏入同一条河流。"这句话要怎么理解呢?按照他的意思,我们上午踏过的一条小溪,下午再踏过去的时候,就不是同一条了。后来,他的学生克拉底鲁说得就更夸张了:"人一次也不能踏入同一条河流。"也就是说啊,你左脚踏进那条小溪里,右脚再踏进去的时候,它已经不是刚才那一条小溪了。

在他们看来,世界是变化的,我们所处的每一刻都和上一刻不同。河流里的水也在流动不止,这一刻流过去的水流和上一刻流过去的水流,已经是不同的了,那么现在的河流和上一秒的河流就不是同一条了。这么一说,还真难以反驳呢!

阳阳在书中看到这样一个故事:

小和尚梵志在剃度出家几十年后回到自己的家乡,邻居们纷纷围上来,看着长大的梵志说:"梵志啊,你终于回来了。"

梵志却笑着回答:"我虽然看上去是梵志,其实早已不是梵志了。"邻居们不理解他的话,纷纷惊讶不已。

阳阳心里和那些邻居一样,也不明白这个梵志和尚的话,难道他是在故意戏弄乡亲们吗?

> 思考：今天的我还是昨天的我吗？

"我虽然看上去是梵志，其实早已不是梵志了。"也就是说，此刻回来的这个梵志，已经不是少年时期的那个梵志了。怎么会这样呢？同学们肯定会想，难道婴儿时期的我，和现在长大一些的我，就不是同一个人了？梵志之所以这么说，莫非是因为年轻的时候欠了乡亲们钱，现在想要抵赖吗？

其实呢，根据现代科学研究的成果，梵志说的也是有道理的。人全身的细胞每隔十二年就彻底更换一次，所以，几十年后的梵志，全身上下已经没有一个细胞和小时候一样了。小时候头脑里的许多思想观点，也老早就不知踪影了。从这个角度来看，说回来的这个人只是看上去有点像当年的梵志，并不算是胡言乱语。

按照梵志的观点，推到极端，就会导致这样的结果：我们每一秒都不是上一秒的自己。那么，就会有无数个"我"，分别存在于每一秒，这显然和我们日常的想法很不一样。况且，如果不是同一个梵志，乡亲们又是怎么认出来的呢？

其实呀，每一秒的"我"的确在变化，但终究有一个唯一的东西把过去的"我"和现在的"我"贯穿起来。毕竟，如果过去的"我"不是现在的"我"，"我"怎么会有那么多小时候的记忆呢？

阳阳把这个令人困惑的故事告诉了自己的同桌小辉，小辉对于各种趣闻传说情有独钟。听罢，他惊讶地说起自己看过的一个类似的故事：

有一艘船在海上航行了几百年，其间，只要有一个零部件或一块木板损坏了，就会被维修和替换，直到有一天，所有的部件都不是最开始的那些部件了，试问这个时候，它还是原来的船吗？

小辉认为，这艘船和和尚梵志一样，虽然每个部分都被替换了一遍，但仍旧是它自己——一艘在海上航行了几百年的船。

阳阳听了，不禁在心里想：我们现在看到的东西，总是和它的过去有所不同。不仅人会变，世界万物都在不停地变化之中呢！

? 思考：一切都在变动吗？

看了这两个故事，同学们有没有感受到一种万物流变的轰鸣声呢？即便在最寂静的夜里，一切都在悄悄变化。

不过，我们无须感到害怕，或是去逃避这个事实，因为我们和万物是一起变化的。

那是否存在完全不变的东西呢？

有同学肯定想说："我觉得我面前的桌子是不变的，我平常很爱惜它，至少它能保持原样好几年呢！"

果真是这样吗？

当我们不小心磕碰了它，或是用笔在上面留下了痕迹，它就已经发生了变化，肉眼察觉不到，不意味着变化不存在。

那天上的月亮呢？

古往今来有许多诗人写过关于它的诗句，还有太阳，那些高高挂在天上的星体，从有人类开始就一直存在，并且，我们触碰不到它们，不能毁坏它们，它们是不变的吧？

其实不然，月球表面有十万多个陨石坑，都是路过的其他星体砸出来的。太阳内部时刻都在发生着剧烈的活动，所以才能发出光和热，给地球带来白昼。不仅如此，太阳、月亮等很多天体，都在做圆周运动，也就是在转圈圈。正因如此，我们住在地球上的人才会感觉到有四季、昼夜、月亮圆缺的变化。

看来外部世界是不存在不变的东西了。那我们的内部世界，我们的思想、感情呢？

思想就不用说了，我们可以直接感受到我们头脑中的想法在流动。那感情呢？有同学可能会说："我觉得，我对父母的爱是永恒不变的。"

事实上，随着时间的流逝，当你与父母一起经历的东西越来越多，那份感情所包括的内容就更加丰富了，到时候你也爱你的父母，但是和此时稚嫩的你口中说出的"爱"，当然是有所不同的啦！

看来，唯有"变化"才是永恒不变的。

二、变化的规律

如果一切都在变化，那为什么我们生活的世界还是井然有序的呢？赫拉克利特虽然强调世界在不断变化，但他也认为这种变化是有规律的。

规律处处可见。比如数学课上要我们背的乘法口诀，就是数字变化的规律；科学课上讲的"二十四节气"表，就是一年季节变化的规律。在这个变化万千的世界中，规律仿佛是一个牢靠的扶手，又像是一盏明灯，使我们在行走的过程中不会东倒西歪，跌跌撞撞。

只有变化才是不变的，这是阳阳最近奉为真理的一句话。

"爸爸，你知道吗？所有的事情都处在变化中呢！"阳阳把自己的最新发现告诉爸爸，迫不及待地想得到爸爸的夸奖。

"我们的阳阳真聪明！那你知道事物的变化是依据什么规律吗？"

"世界上有各种各样的东西，难道都依据同样的规律吗？"阳阳摸了摸脑袋，有些不解。

"我们的先贤老子曾经说过这样一句话，'难易相成，长短相形，高下相倾，音声相和，前后相随'，这里面就包含变化的奥秘。"

这句话也太难懂了吧！阳阳心里想，没等阳阳回话，爸爸就接着说："我给你讲个《塞翁失马》的故事吧！"

古时候，有位居住在边境地区的智慧老者，有一天，他们家的马无缘无故跑到了境外胡人居住的地方。邻居们知道他丢失了一匹马，都前来安慰他。那位智慧老者却说："这难道不是一件好事吗？"

过了几个月，那匹走丢的马带着胡人的良马回来了。邻居们听闻此事，都纷纷来祝贺他们一家。那位智慧老者却说："这难道不是一件坏事吗？"

由于他家里有了很多好马，他的儿子正好喜欢骑马，于是，祸事便来了，有一天他的儿子在骑马时一不小心从马上掉下来，摔得大腿骨折。邻居们都前来安慰他们，那位智慧老者此时又说："这怎么就不是一件好事呢？"

一年后，胡人入侵边境，居住在此的壮年男子都要去参加战斗，保家卫国。其中绝大部分人都战死了，唯独这个人的儿子因为腿瘸，免于征战，父子得以保全性命。

? 思考：变化的总规律是什么呢？

丢了一匹马，看起来是一件十分令人沮丧的事情，但是智慧老者发现了其中包含好事的苗头，果然，那匹马带回了更多的好马。而这好事又包含坏事的苗头，好马多了，老者的儿子就会经常想着骑骑好马，结果摔断了腿。于是，好事又变成了坏事。然而，坏事依旧会变化，因为腿瘸，儿子不用参与战斗，这就恰恰保全了性命。

聪明的同学大概已经发现，这个非常具有戏剧性的故事告诉了我们：好和坏是相互转化的，事物会向反方向变化。

"向反方向变化"能够适用于一切事情吗？这听起来非常不可思议。那我们可以举几个例子检验一下。

同学们每年都会长个子，当然啦，我们不是在某一时刻突然长几厘米，而是每天都在缓慢地变高。比如说，阳阳在新年刚开始的时候，身高是120厘米，而到年末变成了130厘米，这时我们说：阳阳长高了10厘米，阳阳由矮（120厘米）变高（130厘米）了。"高"和"矮"是相反的，当我们这么一比较，就会得出阳阳的身高是在朝反方向变化的。

再来抬头看看天上的月亮，不知道你们有没有发现，月亮有时圆有时弯。按照中国农历来计算，每到农历十五前后，站在地球上抬头看天，会发现天上的月亮呈现出满月（一个大圆盘）的形状，而之后的每一天，月亮会渐渐亏缺，也就是逐渐变成半圆，再变成一个月牙儿。直到这个农历月过完，新的一个月份开始时，月亮的身影已经变得连肉眼都看不到了。

当月亮变得"小到不能再小"的时候，它又会渐渐变回去，也就是先变成弯弯的月牙儿，再一天天地变成半圆，然后又变成一个圆盘。这也就是所谓的"月有圆缺"，月亮从圆到缺、从缺到圆，这不恰恰是向着反方向变化吗？

除了我们的身高、月亮的形状这种常见的事情，生活中还有许许多多的现象可以表明事物总是在朝反方向变化，聪明的你可以多多思考，和小伙伴们一起发掘出更多的例子吧！

三、变通的思维

既然世界是变化的，我们生活在其中，就要具备灵活的思维。同学们要时常给自己的脑筋做做伸展运动，不能只认死理。下面就给大家带来两个小问题，一起来做做思维体操，学习变通的思维吧！

一次，古希腊的吕底亚王带领军队出征，庞大的军队来到一条河边。这条河水流湍急，上面没有桥梁，附近也没有渡船，吕底亚王无可奈何地望河兴叹。

正当他感到无奈至极的时候，随军队一起出征的哲学家泰勒斯献出一条计策。按照泰勒斯的计策，军队在一无桥梁、二无渡船的情况下，顺利地渡过了这条湍急的河流。

你能想到泰勒斯献出了一条什么样的计策吗？

思考：如何让军队渡河？

就平常来说，想要渡河，要么是在河上搭一座桥梁，要么是乘船。可是军队出征，时间上有限制，当然是越快越好。

如果要修一座桥梁，则需要从附近的森林里伐一些木头，还要将木头捆绑在一起，需要大量的劳动力和时间成本，结果还可能导致士兵在没有上战场之前就精疲力竭了。

如果要乘船，那么也要士兵们用木头做成木筏，这时便会出现和上面相同的困难。

那么，要怎么做才能在最短的时间内、利用最少的士兵达成渡河的目标呢？

泰勒斯想出的办法如下：

他让士兵在部队驻扎的营寨后面挖了一条很深的弧形沟渠，使其两端与河流相通。这时候，由于这条沟渠比河道更深，湍急的河水便逐渐分流到这条沟中。这条沟刚好把部队面前的那一段河道的水引开了，于是整个部队都不需要涉水渡河了，因为河流已经移到了他们身后。

　　泰勒斯的这个办法的精妙之处在于，他不在"如何搭桥、造船"这些常用的办法上琢磨，而是转变了思维方式，不是"我们渡河"，而是让河本身发生变化。于是困难就消失了。

2

　　古希腊的著名智者普罗泰戈拉是位打官司的能手，只要他出面，官司上的事十拿九稳，因此很多人慕名来求教，普罗泰戈拉也很乐意，不过要收取高额学费。

　　一天，一个名叫欧提勒士的人来求学，面对高昂的学费，欧提勒士提出了一个要求："虽然你名声在外，却不一定真有能力教好我。如果教得不好，我这钱岂不是白费了吗？而且我暂时没有那么多的钱。如果您有自信教好我的话，请先收取我一半的学费，等我毕业后的第一场官司打赢了，我也有钱付剩下的学费了。"

　　普罗泰戈拉同意了这个提议，于是两人签订合同，合同上这样约定：欧提勒士毕业时付一半学费给普罗泰戈拉，另一半学费则等欧提勒士毕业后头一次打赢官司时付清。

　　一段时间后，欧提勒士学成毕业。但他并没有打算去打官司，也不从事律师的职业。按合同的规定，只有他打赢第一场官司，才需要支付剩余学费，因此他欠普罗泰戈拉的那一半学费，也就不用支付了。

　　为了得到学费，普罗泰戈拉状告欧提勒士。

　　他指出："如果欧提勒士这场官司赢了，那么，按合同的约定，他应付给我另一半学费；如果欧提勒士这场官司输了，那么，按法庭的判决，他也应付给我另一半学费。

无论是哪种情况他都应该付给我另一半学费。"

在庭上，欧提勒士反驳说："如果我这场官司赢了，那么，按法庭的判决，我不用支付另一半学费；如果我这场官司输了，那么，按合同的约定，我也不用支付另一半学费；所以，无论输赢，我都不用给他另一半学费。"

双方说得似乎都有道理，如果你是法官，你会如何判决呢？

❓ 思考：该不该付学费？

为了让学生交学费，作为老师的普罗泰戈拉主动上诉，让欧提勒士卷入一场官司，毕竟，如果他一辈子不打官司，按照合同，就永远不必交学费了。那老师能达成目的吗？

其实这场官司并不能让老师达到目的呢。因为按照原先的合同，只有学生赢了官司才需要交学费，而这场官司正在进行中，输赢还是未知数，无法满足合同中"赢了官司"这个条件。也就是说，合同生效的条件没有被满足，此时法官只能判定学生不用交学费，欧提勒士必然会赢这场官司。

那么学费就要不回来了吗？

其实呀，作为老师的普罗泰戈拉可以再一次起诉。因为在第一场官司中，学生已经赢了，合同生效的条件被满足了，那么在第二场官司中，老师一定会胜利，学费自然就要回来了。

通过对这两个小问题的思考，我们应该学会了在面对问题时要善于变通，换种方式或许能得到更优的解答。并且，要懂得发掘问题中的隐含条件，才能在混乱中厘清思路，进而得到一个确定的结论。

第四章

友谊

哲理小结：

　　稻草人想要能思考的大脑，铁皮人想要炽热的心脏，狮子想获得勇气，小女孩想要回家，大家带着各自的愿望一起踏上寻找女巫之旅。

　　他们本以为只有到达终点，找到女巫，才能达成愿望。其实呀，奥秘就藏在这场寻找之旅中。在途中，稻草人为了解决各种困难，不知不觉拥有了能够思考的大脑；铁皮人看到小女孩被困，竟流下眼泪，眼泪代表着它终于拥有了一颗柔软的心；而狮子为了搭救小女孩，也变得勇敢起来。最终，在这场旅途中产生了最为珍贵的东西——友情，友情让小女孩找到了回家的路。

　　这么看来，友情才是世界上最伟大的魔法呢！

一、你是我的好朋友

人是群居动物，亚里士多德曾经说："离群索居的人，不是野兽，便是神灵。"为什么呢？因为神足够强大，可以不依靠他人，而处于一种完满自足的状态；野兽大多自食其力，依靠自己的本能生活。而对于人来说，无论精神上，还是身体上，都需要依靠他人。

"他人"与我们的关系或远或近。

在家里，我们有父母、亲戚，他们与我们比较亲近，总是悉心照顾我们。出门在外，我们会遇到各种各样没有血缘关系的人，比如学校里的老师、同学，街上的交通警察，医院的医生，等等，其中有些是擦肩而过的陌生人，有些我们则称之为"朋友"。

朋友似乎是处于陌生人和亲人之间，那么这究竟是一种怎样的关系呢？

阳阳和几个同学去公园春游，路上大家聊起了自己最好的朋友。

阳阳说："我最好的朋友是隔壁班的小轩，我和他自幼儿园起就认识了，从小每天一起上学、放学。我还去过他外婆家玩，捉蝌蚪、爬桃树、去田里摘果子，可开心了！他是我遇到的最开朗的人，我们喜欢的很多东西都一样，这也是我们能成为好朋友的原因吧！"

乐乐也发话了："我最好的朋友是我的邻居——一个比我小一岁的妹妹。去年夏天，我回家的时候看到她蹲在楼道的角落里哭鼻子，就问她怎么了，原来是被班里的男同学捉弄了。她个头不高，看起来像一只柔弱的小动物，我安慰了她一会儿，让她和我一起报个跆拳道兴趣班，强身健体还能壮壮胆子。她父母同意之后，我们就每周一起去上跆拳道的课，别看她个头小小的，灵活得很呢！而且她很细心，每次去之前，都特地来提醒我带上课程卡，说实话，这对于丢三落四的我来说，真的帮了不小的忙！"

乐乐说完，似乎没人接下去了。

小慧一副欲言又止的样子，终于也忍不住加入了这个话题："我觉得我最好的朋友是……唔，是我家的那些课外书。"

课外书？大家听了都觉得好奇。

小慧接着说："我的意思是，我在看书的时候，总觉得书本是一位和我交谈的朋友，这位朋友博学多才，它会告诉我很多很多新知识。比如，天上的星星看起来没什么不同，其中可有很多学问哩：太阳是恒星，恒星自己会发光，为周围的行星提供光和热；月亮则是地球的卫星，它围绕地球转动，护卫着地球；木星、火星、土星是围绕着太阳运转的行星。这些都是科普书告诉我的。当然啦，还有像中华上下五千年之类的历史书，它会告诉我各种古代的故事，可有意思了！每当我自己待在家里，是它们让我充实起来。"

在小慧说话的过程中，大家频频点头，认为说得十分有道理。

这时就只剩小杉一直没开口了，几个同学都不约而同地看向了他。小杉不好意思地挠挠头，虽然他家庭条件十分优越，引得不少人羡慕，但平时在学校很少看见他有什么十分要好的朋友。

"我爸爸妈妈工作都很忙，平时回到家里，经常只有做饭的阿姨，小区里每家的房子也隔得比较远，很少能交到特别好的朋友。一定要说的话，我最好的朋友大概是我家的宠物狗欢欢了！每次回到家它都扑到我身上，摇头摆尾的。我不开心的时候，对着它说话，它能听懂似的，安静地趴在旁边看着我、陪着我。"

听了小杉的话，大家都不吱声了，没想到平时优越感十足的他，这时竟然显得有点儿可怜。

"嗨，我们都是你的好朋友呀！"乐乐打破了凝固的气氛，大家也你一句我一句地附和着。

小杉听了十分感动，"那有机会你们一起来我家做客吧！我一定拿我的玩具和零食好好招待你们！对啦，你们还可以顺便看看我们家的欢欢，它还会数数呢！"

思考：朋友是什么呢？

在大家的描述中，我们发现朋友分很多种。

阳阳的朋友和他有很多相同的兴趣，所以他们可以玩到一块儿。

乐乐是一个爽朗大胆的人，她的好朋友却是柔软细腻的人，性格如此不同的人也可以做朋友，而这种不同恰好互相弥补，乐乐使她的邻居妹妹更加坚强，后者让乐乐意识到了自己的粗枝大叶，这就使得她们俩都能得到进步。

小慧和小杉的一番话让我们意识到，不只是"人"可以成为我们的朋友，书籍、宠物也是我们的好朋友，书中的知识滋养着我们，小动物在我们孤独的时候给我们提供陪伴，朋友的形态可谓多种多样。

二、以朋友为镜

有古语说道:"以铜为镜,可以正衣冠;以人为镜,可以明得失。"也就是说,在一面铜做的镜子中,我们可以看到自己的衣服穿得整不整齐。同样,别人可以成为我们的"镜子",在与其他人交往的过程中,通过与他们的对比,我们可以看到自己的不足。

铜镜子可以帮助我们整理衣服,而他人这面镜子可以帮助我们整理自己的心灵,朋友往往就起到了镜子的作用。

应小杉的邀请,阳阳、乐乐和小慧来到了他家做客。

小杉家里干净又明亮,就是有点儿空旷。虽然是周六,但他的父母都不在家。平常照顾小杉的阿姨在厨房忙活,因为小杉早就和阿姨说了今天会有同学来家里玩,她正为孩子们准备丰盛的午饭呢!

刚一进门,小杉家的宠物狗欢欢就迎了上来,欢欢一点儿都不凶,阳阳一开始还有点儿害怕,但欢欢只是凑到跟前闻了闻大家,然后就乖乖地退到小杉旁边。

同学来到家里,小杉十分兴奋,拿了很多零食和玩具放在客厅的桌子上。其实在班上的时候,阳阳是有些害怕小杉的,可能是因为他家里条件不错,身上总带着一股高傲,看起来不太想和同学打成一片,让人觉得不好接近,但是现在,阳阳觉得,小杉还是挺乐于分享的。

"这个乐高遥控赛车是我最喜欢的玩具了!还有这个飞镖盘,也很有意思,你们想玩哪一个?"小杉开始介绍起自己的玩具。大家一致选了遥控赛车,这辆赛车是带跑道的,刚好有四辆。小杉带着大家飞快地把跑道组装好,每个人挑选了一辆自己喜欢的车型,开始玩起了赛车。

一轮下来,小慧竟然最先到达终点,阳阳的赛车在跑弯道的时候翻出了赛道,小杉和乐乐几乎同时跑完全程。大家都十分佩服小慧，因为她说她先前并没有玩过赛车。"其实我只是事先观察了一遍赛道，在快到弯道的时候提前偏移，并且稍微减速以保证它不掉出去。"原来无论做什么事都要勤于动脑、细心观察啊！阳阳在心里默默感叹。

第二轮的时候乐乐退出了比赛，其他人继续玩着。阳阳以为乐乐对赛车不感兴趣，也没多想。过了好一会儿，阿姨喊大家吃饭了，这时阳阳才发现，原来乐乐是在厨房帮阿姨干活呢！

"这个小姑娘可真勤快，还帮我洗青菜呢！"阿姨称赞乐乐。

阳阳内心有点儿惭愧，但更多的是温暖的感觉，因为今天朋友教会了他很多美好的品质。

? 思考：朋友也是老师？

不少哲学家都说过这样一个道理：我们可以在别人眼中看到我们自己。我们盯着别人的眼珠子看，的确可以从中看到自己的影子，但哲学家说的可不是这个意思。

举个简单的例子：当我们在一辆挤满乘客的公交车上，一个小偷趁别人不注意，把手偷偷伸进了一位乘客的衣服袋子里，他自以为没有人发现自己在偷东西。这时，他突然感觉到有一束目光对准他，原来是旁边的另一位乘客在狠狠地盯着他。这种"别人的眼光"让他顿时感到羞愧，但凡他还有一点点廉耻心，就会不好意思地羞红脸，并且马上停止自己的行为。

所以，他人可以使我们更好地看到自己。同样的道理，与我们身边的朋友对比，总会使我们注意到自己的不足。正如阳阳从朋友身上发现了许多自己不具备的品质：小杉的热情好客、小慧的细心和勤于用脑、乐乐的助人为乐。

因此我们才说，朋友是一面镜子。正是因为这种镜子效应，朋友恰恰又能成为我们的老师。

三、君子的友谊

《庄子》是一部中国古代的哲学名作,里面讲到了这样一个观点:君子之间的交往像水一样清淡,而小人之间的交往则像甜酒一样甜。

君子就是品德高尚的人,小人是指品德低下的人,为什么品德高尚的人之间的交往像清水,而品德低下的人之间的交往却像甜酒一样呢?甜酒不是比清水更好吗?

阳阳这两天心里一直有个疙瘩,他和体育委员——也是他的好哥们儿秦天闹了点不愉快。

起因是这样的:阳阳周日晚上在家里赶作业,很晚才睡觉,周一早上晕乎乎地爬起床,第一节课上也完全不在状态。所以阳阳心想,做早操的时候就不去了,正好利用这半个小时来补觉。

但是阳阳没有和老师请假,毕竟补觉这个理由不太好说。再者,平时帮老师管理早操秩序的体育委员秦天是自己的好哥们儿,阳阳心想,就算老师要求检查人数,秦天发现自己没来,看在平时一起玩儿的分上,也不会和老师汇报的。

果然,人还是不能心存侥幸,秦天还是把阳阳"供"了出来,而且只有他一人没到。在下午的班会课上,老师点名批评了阳阳。阳阳虽然知道自己做得不对,但是也对秦天感到不满:平时不是玩得挺好的吗?怎么"这点忙"都不帮呢?

? 思考:该不该帮这个忙?

如果你是体育委员,你会帮这个忙吗?有的同学可能会说:"肯定帮啊!哥们儿得讲义气,这点事都不帮,以后还怎么做朋友啊。"但是,这真的是在帮忙吗?

首先来看看这件事：阳阳不去做早操却没有请假，这是不符合学校规定的。如果每位同学都不遵守规定，想去就去，想不去就不去，那早操就没办法有秩序地进行。其他规定也是如此，例如在考试作弊这件事上，如果每个同学都不遵守规定，好朋友之间"互相帮忙"，那么考试的分数就没有任何意义，无法检测到自己的真实水平。

所以，并不是所有的事情，朋友之间都应该帮忙，因为事情有对错。要做一个懂事的孩子，一个"君子"，就要事先辨别对错，再采取行动。在阳阳身上发生的这件事，秦天的做法看起来没有人情味儿，却是正确的选择。

这也是为什么说"君子之间的交往像水一样清淡，小人之间的交往则像甜酒一样甜"。君子之间的交往像水一样，并不是指像水一样寡淡而无味，而是说，君子之间的友谊是纯洁的、长久而亲切的，不掺杂其他东西。小人之间的交往像甜酒，指的是品德低下的人之间的友谊，往往是靠各种好处维持的，因为能带来好处，带来"甜味"，小人才互相把对方当作朋友，而一旦这种好处消失了，大家的友情也就不复存在。

因此，我们不应该把友谊建立在利益的基础上，也不应该指望朋友包庇我们的错误。正如"良药苦口"，一个好的朋友应该勇敢地指出对方的错误。朋友之间虽然讲究体谅、互助，但也要讲对错的界限，为了朋友去做错误的事，可算不上什么友谊哦！

第五章

幸福

哲理小结：

庄园主人总觉得别人家的苹果更好吃，即便自己吃到的已经是城里最好的苹果了。园丁拉尔森把事情的真相告诉主人后，主人才发觉，原来自己一直幸福却不自知。

这不免让人感慨。在生活中偶尔也会出现这样的情景，我们总是羡慕别人拥有的东西，总觉得别人的东西比自己的好，却忘了自己也拥有很多宝贵的东西。

这个故事告诉我们，如果我们总是在羡慕别人，就会忽视自己已经拥有的幸福。

一、幸福,一种满足感

幸福是什么呢?我们似乎难以获得统一的答案。对于饥饿的人来说,幸福就是一碗香喷喷的米饭;对于无家可归的人来说,幸福就是有个遮风挡雨的地方;而对于很多衣食无忧的同学来说,这些都谈不上幸福。

幸福虽然是一种心理上的感觉,但我们发现,它总是与外在的事情息息相关。很多哲学家都将"幸福"视为人生的目的,既然它这么重要,我们就来好好考察一番吧!

周末的公园热闹非凡,阳阳、秦天还有乐乐一起来到公园放风筝,三个人比拼谁的风筝飞得高,玩得不亦乐乎。还没分出胜负,阳阳和秦天的风筝因为靠得太近,缠绕在一起,于是不得不停下来。

正好大家也跑累了,三个人坐在草坪上,微风徐徐地吹着,阳阳不由得躺了下来。看着蓝天上白云缓缓地飘动,听着公园里孩子们的笑声和清脆的鸟鸣,阳阳感叹:"真舒服呀!幸福就是这么简单!"

"对呀!不用待在家里写作业,也不用听老师讲那些无聊的知识,如果每天都能在公园里玩就好了。当然,如果现在能给我来点蛋糕、小零食什么的,我一定会觉得更幸福!"乐乐带着打趣的语气说道。在他们坐着的地方不远处,有一家四口在野餐,他们在地上铺了张毯子,上面摆满了零食、水果和饮料。"你们看,那一家人带了好多好吃的呀!下次我们也带一些东西来吃吧,这个公园环境这么好,真应该边吃边享受风景呀!"果然,乐乐看得眼馋了。

一旁的秦天也以羡慕的眼光望着那其乐融融的一家人,只不过,他羡慕的不是那一堆食物。"爸爸和妈妈在我很小的时候就离婚了,现在我和妈妈生活在一起。寒暑假时,我会去爸爸那儿待几天,他会带我出去玩。我们三个人也会偶尔出去吃顿饭,但是大家都没什么话说，看着那边一家四口笑声不断，这就是我梦中的生活啊！一家人在一起开开心心的，对我来说就是最大的幸福了！"

阳阳心里很是惊讶，因为在他看来，一家人一起出去玩是件很平常的事情，甚至有时候他都不想和父母一起出去玩，因为父母总管着自己，而且一不小心会挨骂。但这些对于秦天来说，竟是难得的幸福。阳阳有些难过和羞愧，似乎感觉到，自己一直忽视了一些平凡却珍贵的东西。

? 思考：幸福是什么？

对于阳阳来说，跑累了躺在草坪上休息，这种舒适惬意的感觉就是幸福。对于乐乐来说，与在学校听课相比，在公园玩耍更加快乐，如果同时有美味的食物相伴，那就是幸福了。而对于秦天来说，当看到别的家庭中一片欢声笑语时，他看到了自己内心一直渴望得到的幸福。

可见，对于不同的人来说，幸福的内涵是不同的。不仅如此，对于同一个人来说，在不同的人生阶段，对幸福的看法也会发生变化。

当上小学的时候，我们所渴望的或许只是一辆属于自己的自行车，当我们攒够了压岁钱，终于买到车时，顿时感觉自己是全世界最幸福的人。当我们再长大些，幸福或许变成了考上一所好的学校、拥有一份稳定的工作，之后呢，当我们拥有了自己的小家庭，对幸福的向往又变成了另外的模样。

所以，我们很难去把幸福框定在一个范围内，说它是什么"东西"。幸福不是一个具体的东西，因为生活在不断地变化，我们总是在渴望着自身所没有的东西。当有所获得，我们便会感到满足和丰盈，此时，幸福油然而生。这也是为什么人们常说，容易满足的人更容易体会到幸福。

二、不幸的人和幸福的人

　　人人都想获得幸福，但世界上仍然有许多不幸福的人。那么，是什么导致了有的人幸福，有的人不幸呢？

　　有人会说，拥有了更多的钱就能更幸福，因为钱能买东西，从而带来满足感，所以穷人是不幸福的；有人会说，拥有更高的地位会更幸福，因为地位高的人受人尊敬，众人都围着他转，所以平民百姓不如高级官员幸福。

　　真的是这样吗？或许，通过下面的故事，我们会得到不同的答案。

　　一天下午，阳阳和秦天走在放学路上，正巧碰到便衣警察在执行任务。只见两名警察将一名中年男子按倒在地，并从腰间掏出手铐，那个被捉住的男子十分狼狈。旁边站着的警察对着对讲机讲了些什么，不一会儿，从远处开来一辆警车把罪犯带走了。

　　阳阳和秦天都看傻了眼，旁边有几位街坊也看到了，大家议论纷纷。

　　"听说那个人老是在这片地方抢劫，作案好几起了，这下终于被抓住啰！"

　　"太可恨啦！有手有脚的，怎么就不去找份正经工作？做这种祸害别人的事，真的要好好惩罚！"

　　"唉。他的父母、老婆和孩子肯定伤心死了，他怎么不替自己的家人想想呢？"

　　对呀！他的家庭也被毁了，阳阳心里想。

　　"唉！世界上又多了一个不幸的家庭。"秦天叹了口气，也许是想到自己那离异的父母，更加动情了。他们俩都加快了步伐，仿佛离这条马路越远，那些不幸的事情也就离自己越远。在马路拐角处，阳阳看到了一个乞丐，穿着破烂不堪的衣服，伸手向路人要钱，一副十分可怜的样子。

阳阳想起了刚刚一位路人所说的话，虽然这个乞丐没有做损害别人的事，但他也是有手有脚的，看起来不像是老弱病残，为什么不去找份工作养活自己，而要在路边过这种生活呢？阳阳很迷惑。

？ 思考：人为什么会不幸呢？

抢劫犯因为自己的贪婪和懒惰，想要夺取他人的钱财，装进自己的口袋，最终落得个坐牢的下场。他是不幸的，这些不幸是他自己造成的。假设他选择勤勤恳恳地工作，即便一开始只能赚很少的钱，他也能每天安心度过，不用担心被逮住。经过一段时间的积累后，他的工作经验丰富了，收入便会提高，他和他的家人都能过上更美好的生活。

对于那个乞丐，也是如此，明明正值壮年，却不去劳动，最终只能穿不暖也吃不饱，过着没有尊严的乞食生活。或许种种原因导致他与家人失去了联系，但他还可以通过工作结交朋友，重建自己的生活，但他没有这样做，最终只能孤苦伶仃地流落街头。

不幸的人各有各的不幸，他们因为贪婪、懒惰、自私等而变得悲惨。人们的不幸往往和这些不好的品质有着紧密的联系。

要问阳阳最幸福的人是谁，他肯定会斩钉截铁地回答："那当然是古代的皇帝了！"

原来呀，最近电视上好几个频道在播放古代宫廷剧，阳阳有空就去阿姨家和哥哥姐姐一起看。这天，阳阳又来和哥哥姐姐一起看电视，电视上正播放乾隆皇帝吃饭的场景，各种精致的食物由服侍的人一盘盘端上桌子，阳阳羡慕地说道："做皇帝可真好，在古代，皇帝应该是最幸福的人了吧！能吃到各种山珍海味，住在华丽宽敞的皇宫里面，处处都有人服侍着，每个人都要听他的……还有比这更好的生活吗？"

"皇帝的生活的确看起来威风，方方面面都比一般人好得多，但也不见得就是幸福的。"阳阳的哥哥阿彦今年刚上高中，他说，"之前我在书上看到过，皇帝的位置是很危险的，因为做了皇帝就能拥有至高无上的地位，所以很多人眼馋，背地里想着夺权篡位。因此，做皇帝也会整天担惊受怕，比如在皇帝吃饭之前，都有专门的人试菜，防止有人下毒。这样的生活可真和幸福沾不上边呢！"

"对呀！表面看，人人都尊敬皇帝，因为他权力太大了，他的一句话就可以让一个人升官发财，他一发怒就能让别人丢了性命。但是很少有人真心对待他。"姐姐阿玉补充道，"所以呀，皇帝想听个真话都难呢！而且当皇帝可不是享受生活，他是要治理国家的，皇帝从小就得接受严格的教育，这种生活一般人可受不了呢。"阿玉说罢还摇了摇头。

阳阳从没想过这些，但稍微一思考，便觉得的确如此，他打心底佩服哥哥姐姐的见识。

"看来，皇帝不但不是最幸福的人，反而是最悲惨的人。"阳阳感叹道。

"那也不能这么说。"阿姨在旁边听到他们三个人的对话，笑着说道，"如果能做一个好皇帝，把国家治理得很好，得到百姓和官员的爱戴和拥护，大家从心底尊敬他，他自己也从中获得了满足感，那也算是个幸福的皇帝了！"

？思考：如何让自己更加幸福？

阳阳以为皇帝的生活是世界上最幸福的生活，哥哥姐姐的一番话让他醍醐灌顶：原来表面的光鲜并不是幸福，皇帝虽然有至高无上的地位和权力，但也需要承受更多的担忧和劳累。

但是这并不意味着皇帝的生活就是不幸福的，阿姨的几句话又引入了更深的思考：不幸的生活，也可以变成幸福的。对于皇帝来说，他必须尽职尽责，为老百姓的生活着想；他要懂得管理官员，善于识别忠臣、奸臣；他还要端正自己的行为，提升自己的品德，为臣子做榜样，等等。当把一切都打理妥当时，他便不用担忧有人会害他，还能从管理国家的成就中获得满足感，"不幸"也就转变为"幸福"了。

那么，同学们知道怎样让自己更加幸福了吗？

其实很简单，就是做好自己应该做的事情。

眼下对于我们来说，就是认真学习，多多助人，在学校尊敬老师、体谅朋友，在家多帮父母做家务，少闹点别扭。大家可以试着照做，用不了多久，你便能发现生活在悄悄地变好。

第六章

善良

哲理小结：

　　狐狸阿权一开始只是一只爱捣蛋的小狐狸，不知道什么是好、什么是不好，直到有一天，它意识到自己的行为会伤害到别人时，自责的情绪让它醒悟了。

　　于是它开始想方设法弥补自己的过错。要知道，没有任何人逼它，就算它什么都不做，也没人会追究，况且它这么做的时候还冒着挨打的风险。

　　小狐狸的改变完全源自它的内心，是良心的力量让它变得知"善恶"，它的真诚最终也使兵十原谅了它。

一、人之初，性本善？

不少哲学家都思考过这样一个问题：人性究竟是善良的还是邪恶的呢？

有的人认为，每个人都具有善良的品质，这种善良的品质就像小树芽一样，当我们好好照看它，给它浇水，悉心呵护，善良之树就会枝繁叶茂。

有的人则认为，人性中本来包含许多不好的东西，如果一个人善良，只能说明他遵守了规定，也就是说，他比较听话而已。

还有人认为，人刚生下来的时候没有善恶之分，大家都是一张白纸。一个人之所以会变成小偷，是因为他没有受到良好的管教；一个人之所以品行端正，是因为家庭教育得好。

哲学家们争论不休，谁也说服不了谁，看来又是一个令人头痛的问题呢！

阳阳来到阿姨家玩，刚进门，就听到哥哥姐姐在客厅里争论得热火朝天。

"我觉得孟子说得对！我们每个人都有一颗善心。"姐姐阿玉说，"孟子讲得很清楚了，他说，我们走在路上，突然看见路边一个小孩子就要掉进井里面，都会同情和惊慌，都会赶紧上前去帮忙，即使我们不认识这个小孩，也会想要救他。"

哥哥阿彦想要反驳，但是阿玉显然不想给他这个机会，她接着说："我们之所以这么做，不是为了受到别人的夸奖，不是为了讨好小孩子的父母，也不是因为讨厌小孩子的哭声，这只是一种出自人性的直接反应。这种直接反应，就表明了我们本来就是善良的。"

"人一生下来就是善良的？这怎么可能呢？要是人生来就是善良的，我们就不用宣传道德礼仪，就不用制定法律来管理民众了，每个人天生都是善良的，还要这些干什么呢？但事实并非如此，而且，即便我们现在有法律，社会上还是会出现很多做坏事的人，前些日子我们这儿不是刚抓住了一个抢劫犯吗？"阿彦一张口就是一堆反驳，气势汹汹的，"所以呀，还是荀子说得有道理，我们刚出生时具有许多不好的品质，在接受教育后，才逐渐变得善良。人就像一块玉石，原本凹凸不平，十分丑陋，只有经过打磨加工，才能变成一个精美的玉器。哪有什么天生的大善人呢？"

阳阳听得一头雾水，觉得两边说得都很有道理。这时叔叔端着一盘水果放在了茶几上，招呼大家吃水果，显然他也听到了哥哥姐姐的争论，于是大家都看着他，想让他做裁判。

"我倒是觉得呀，人天生既不善良也不邪恶，就像告子说的那样，如果我们受到了良好的引导，就会变成好人，如果我们和小混混学，去偷东西、打架，那就会长成歪脖子树。所以，你们想要长成一棵挺拔茂盛的大树，就得多多汲取养料，向着阳光生长。"

阳阳和哥哥姐姐都点了点头。

但叔叔的话显然没有做出裁断，反而带来了新的观点，这让阳阳更加不解，到底谁才是对的呢？

? 思考：你赞同谁的观点呢？

人的本性是善良的吗？

对于这个问题，中国古代的思想家孟子、荀子和告子都进行了思考，他们的观点各不相同。

姐姐赞同孟子的观点。孟子认为人和动物一样，有吃、喝等基本的需要，但是人比动物更优越，因为人有一颗善心。动物没有同情心，不能区分善恶，更不知道礼让他人、尊老爱幼。所以我们要格外珍惜自己的善良天性，那才是我们作为人值得骄傲的地方。

哥哥认为荀子说得更有道理。荀子认为，善良指的是行为举止合乎礼仪，人不可能一生下来就"讲文明、懂礼貌"，这些都是后来学到的。反过来说，在不讲礼仪、法律的情况下，每个人都会像杂草一样野蛮生长，都会顺从自己的天性而变得好吃懒做，整个社会就会变得一团糟。人本身充满缺点，因此才需要法律和道德加以规范。

叔叔则赞同告子的说法。告子认为，人就像一个有待加工的材料，我们把它加工成什么样，取决于我们自己。

孟子认为人有善心，他是想告诉人们，应该做个好人，不然人就和动物没有多大区别了。荀子说人本身充满缺点，他是想告诉人们，要遵守社会的规范，克服自身的缺点，这样才会拥有更好的生活。告子认为人本来就像一张白纸，他是想告诉人们，要重视学习的作用，每个人都可以通过学习成为好人。

这么看来，即便各位思想家对人的本性争论不休，但有一点可以确定，他们都想让我们做个善良的人。

同学们，你赞同他们之中哪位的观点呢？如果你有自己的想法，也可以大胆地说出来，和身边的朋友们一起讨论讨论吧！

二、"良心"的奥秘

不知道同学们有没有观察到这样一种现象,当在新闻上看到一个人做了什么伤天害理的事情的时候,我们便会听到身边的人发出感慨:"这个人还有良心吗?"

这似乎是在说,如果这个人有"良心",便不至于做出这么糟糕的事情了。哲学家康德曾经对人的这种"良心"做过讨论,他认为,只有"良心"能引导我们走向真正的善良。

周末到了,阳阳大清早和爸爸出门晨练,父子俩围着公园跑了一圈,阳阳只是偶尔会来跑一次,所以累得上气不接下气,爸爸倒是一脸轻松。

公园离家很近,回去的路上经过很多商铺,走到一家卖彩票的店铺时,爸爸停下来说:"上次我买的一张彩票中了一百块钱,正好去把它兑换了。"

在爸爸兑彩票的时候,阳阳站在一旁好奇地张望,他看到卖彩票的地方张贴着十分显眼的宣传标语:"中国福利彩票——让人人都成为慈善家"。

"慈善家是什么意思?"阳阳问。

"就是做善事的大好人呀!"一个店员回答道。

"那为什么买彩票就能当大好人呢?"阳阳接着问。

"人们过来买彩票,付给我们的那些钱,我们会拿一部分去做公益,也就是捐给有需要的人。这不就是做善事吗?只不过是我们替你们去做呀!"店员笑着解释道,同时不忘鼓动阳阳买彩票,"小朋友还挺有好奇心的,要不你也选几个幸运数字,买张彩票,说不定能中大奖哦!"

"还是不用了,谢谢你。"阳阳对彩票不太感兴趣,他也不觉得自己在这方面有好运气。

这时阳阳的爸爸也兑好彩票了,阳阳心里充满问号:买彩票不是为了自己中大奖吗?这也算是做善事吗?

? 思考:这算是慈善家吗?

阳阳不解的地方在于:买彩票是为了自己能中奖,买彩票的人梦想着花几块钱、几十块钱来获得更多的钱,他们花钱的动机并不是帮助他人,而是使自己获利。那么,这些人的行为能被称为慈善吗?

关于这个问题,我们可以来看看哲学家康德是怎么说的。康德认为,是否善良,要看一个人最开始的想法,如果这个最开始的想法是出自"良心",而不是出自外部的原因(比如为了获得金钱),那么就可以称之为善良,否则不能。

如此看来,要是让康德来评判,买彩票的人肯定不算是大善人,因为他最开始的想法是"中大奖",他花钱是为了自己,即便后来有一部分钱被捐了出去,也不能代表他的品德有多高尚,他只不过"顺便"帮了别人。

所以,那句宣传标语只是为了吸引更多人来购买彩票。不过呢,在日常生活中我们也不用太较真,虽然买彩票的人配不上"慈善家"这个名号,但是既买到了自己想要的东西,又帮助了别人,也不失为一件好事呀!

在回家路上,刚好路过一家水果店,阳阳一家经常光顾这里,店主是个热情的微胖大婶。

阳阳父子俩还没走到店门口,大婶就招呼他们:"昨天刚进了货,有新鲜的桃子,还有葡萄、苹果，你看，这桃子的叶子还绿油油的呢！不甜包退！"

阳阳和爸爸抵不过店主大婶那股子热情劲儿，便走到店里面。桃子的确很新鲜，一股清香扑鼻而来，阳阳的爸爸拿起一个桃子在手里掂量着，问道："真的包甜？"

"那是当然的了！我一直在这儿做生意，周围人都知道，我可是很讲诚信的。要是不甜，你明天来找我，我这店铺不可能一下子搬走，所以你就放心买吧！"

听店主大婶这么一说，阳阳的爸爸也就拿了些桃子上秤，还另外挑了一串葡萄。

"一共三十二块，就算你三十块吧，你们也是老顾客了。"大婶看在他们是常客的分上，还给他们打了个小小的折扣。

"早上出来没带手机，这一百块钱是刚才在卖彩票那儿兑的。"阳阳的爸爸把一百元钱递给大婶。

大婶翻了下抽屉，好不容易凑够零钱找还他们，"哎，现在纸币用得越来越少了，找零钱都麻烦，同学，这钱拿好了哦。"大婶说道。

阳阳的爸爸拎着水果，阳阳拿着零钱，两个人一起往回走。

在路上，阳阳无意间数了数手中的钱，发现大婶多找了十元。这十元钱要是直接放在自己的口袋里，也没人发现，爸爸和大婶都不知道，没人会怪自己，这不就是天上掉下来的馅饼吗？

但是这么做好像不太好，此时阳阳心里有种怪怪的感觉，似乎有股力量在阻止他私吞这笔天上掉下来的小小财富。于是阳阳把找错钱的事告诉了爸爸，两个人一起回到店里还了钱。店主大婶得知情况后，把阳阳夸了一顿，但阳阳一想到刚才自己那一瞬间"私吞"的念头，心里不免有点儿难为情。

? 思考：什么是真正的善良？

阳阳觉得有股力量在阻止他产生不好的想法，其实那股力量不是什么神秘的东西，就是我们平常所说的"良心"的力量。面对诱惑，依然选择听从自己的"良心"，这就是真正的善良。

我们还可以对那位大婶的行为作一番思考，大婶给自己卖的桃子打包票，说不甜包退，表明自己是诚信的商人，那我们可以说她是个"善良"的人吗？

其实，大婶的诚信并不能等同于"善良"，因为她诚信是为了在周边居民中获得好的名声，从而把生意做大，以便获得更多的财富。如果她偷奸耍滑，以后就没人来买她的水果了。我们可以夸她聪明，至于她是不是一个善良的人，还得看她在其他事情上的做法，才好作判断。

三、善良也是有门槛的

相信同学们对超级英雄都不陌生吧！比如反应敏捷、飞檐走壁的蜘蛛侠，身穿高科技机甲、能上天下海的钢铁侠，身怀顶级格斗术的蝙蝠侠，等等。这些漫画、电影中的英雄处处行侠仗义，每每都把大反派们收拾得心服口服，总是能够在危急关头拯救世界，赢得一片掌声。

他们之所以能当英雄，是因为他们善良吗？当然不是，或者说，只有一颗善良的心是不够的。要知道，这些超级英雄可都身怀绝技呀！

国庆节假期，阳阳一家人坐高铁去舅舅家玩。每次到高铁站，阳阳都很兴奋，他喜欢观察拿着大包小包的旅客，听着他们散落到自己耳边的只言片语，想象着他们各自的生活故事。

阳阳和爸爸妈妈在候车大厅找了个空位坐下来。阳阳发现，坐在他们旁边的是一对老年夫妇，老爷爷在打瞌睡，旁边的老奶奶戴着老花镜，在翻看一本小册子，也不知道里面写的什么，老奶奶看得如此入迷。

正当阳阳好奇地想凑近看看时，突然发现老奶奶的脸色变了，她眉头皱着，捂着自己的胸口，仿佛透不过气来。

这一下可把阳阳吓坏了，和她同行的老爷爷在睡觉，并没有发觉老奶奶的异常，阳阳赶忙告诉了爸爸妈妈。阳阳的妈妈是医生，但是妇产科医生，这时也帮不上忙，只能一边询问老奶奶的病史，一边干着急。

这时刚好有车站的工作人员路过，阳阳的妈妈向工作人员求助，工作人员立即通过车站的广播传达了求助信息，不一会儿，就有好几位从医的旅客赶了过来，其中一个还带了个小型急救箱。

有了专业人士的帮忙，问题很快就解决了，原来老奶奶有高血压，早上出门之前忘了吃降压药，这会儿吃了降压药和一些急救药物之后，症状慢慢缓解了，大家悬着的心都落了下来。

阳阳也很想去做救人的"英雄"，可惜自己根本插不上手，看着那些帮忙的医生，阳阳内心满是羡慕。

❓ 思考：英雄怎么当？

阳阳也想做救人的英雄，奈何自己缺乏医学知识，只能做旁观者，可见，想要做好人、行善事，也不是那么简单呢！

医生能助人，是因为他们懂得很多医学知识，想要做个善良的人，缺乏知识和能力也是不行的。这就好比在火车上，你要帮别人把行李抬到行李架上，首先你得有力气，如果你连自己的行李都提不动，还怎能帮助别人呢？

所以，弱小的人常常没有办法行大善，我们没有办法做能力之外的事情。其实阳阳已经做得很好了，他把自己看到的情况告诉了爸爸妈妈，如果他什么都没做，老奶奶最终可能不会得救。

对于同学们来说，这并不是一件需要苦恼的事情，因为随着年龄的增长，我们可以不断提高自己各方面的能力。虽然很难做到像电影中的超级英雄那样，飞檐走壁、惩奸除恶，但至少可以像医生那样，在自己擅长的领域，为他人出一份力。这么一看，我们每个人都有机会在现实生活中实现自己的英雄梦。

第七章

美好

哲理小结：

　　大树陪伴着小鸟走过春夏秋，在小鸟心里，无论是枝繁叶茂的大树，还是光秃秃的大树，都是最美好的。

　　大树后来被做成了火柴，最终只剩下小小的闪烁的火苗。对于其他人来说，这微弱的火苗算什么呢？既不明亮也不美丽。对于小鸟来说，它却是最独特、最美好的存在，因为它是大树的火苗——那棵曾经为它遮风挡雨的大树。

　　美好并不是一个肤浅的形容词，其中包含的很多东西值得我们细细品味。

一、谁也比不上罗娜美

"爱美之心,人皆有之",人们都爱美好的事物,这体现在很多方面。比如,我们喜欢干净整齐的书桌,而不是脏脏乱乱的桌面;我们喜欢电视上美丽英俊的面孔,而不是邋遢的人。大家都喜欢"美",在这一点上,很少有人会否认。

那么什么是"美"呢?一位漂亮的小姐是美的,一栋辉煌的建筑是美的,一段动人的音乐也是美的,这时候分歧就出现了:有人觉得磅礴的大海很美,有人却觉得那比不上一块精心雕琢的美玉。这可怎么比呢?

难怪苏格拉底也说:"美是难的。"

这周是学校的艺术周,美术老师给同学们安排了一场特别的活动——带同学们去美术馆参观学习。

美术馆离学校不远,校车开了不到二十分钟就到了,阳阳记得自己路过这里好几次,但从来没有进去参观过。

美术馆的建筑风格很特别,并不是四四方方的一栋楼,而是一种没有规则的奇怪的形状,其中有一面全是透明的玻璃,其他墙面是纯白的。老师介绍说,这是本市有名的建筑师设计的,还获得过国际奖项呢!同学们都发出惊叹,阳阳也不例外。大家都左右观察这栋建筑,它并不华丽,却透着宁静的美感。

老师带领大家进到馆内,神秘地说:"今天带大家来看一个特殊的展览,可不是画展哦!"来美术馆不是看画的吗?不然还能有什么?大家交头接耳,跟着老师走进其中一个展厅。

"哇……"刚进展厅,同学们都发出了惊叹。里面陈设着许多高大的雕像,这些雕像身材健壮,发型和五官看着不像是中国人,他们有些穿着袍子,有些甚至没穿衣服,奇怪的是，虽然衣服都没穿，但并不会让人有丑陋低俗的感觉。

老师开始给同学们讲解了。原来这是古希腊时期的雕塑作品，当时人们雕塑的时候追求一种"理想的人体"，也就是说，他们会按照一定的比例打造身体，当雕像符合这个比例的时候，人们观赏时就会产生一种"美"的感觉，这个比例被称为黄金比例。

"这个维纳斯，就很符合黄金比例。"老师指着一个女性的雕像说道。虽然这个女性雕像的双臂是残缺的，但她的身体姿态柔和，身形优美。"那什么是黄金比例呢？简单来说，就人体而言，用肚脐以上的长度，除以肚脐以下的长度，等于0.618，就符合黄金比例了！"

老师给大家仔细讲解了每一个雕像背后的故事，一圈下来，大家都收获颇丰。"我最喜欢那个扔铁饼的雕像，那个男子看起来很健康有力量！你最喜欢哪一个呀？"乐乐兴奋地问阳阳。

阳阳承认这些雕塑各有各的美好，不过说实话，他并不喜欢他们。但他还是很开心，因为今天整个观看展览的过程，他都一直和罗娜边走边聊天，这种机会平时是没有的，因为他们的座位隔得老远。罗娜是个十分爱笑，说话声音甜甜的小姑娘，阳阳十分喜欢她笑起来的样子，他觉得那是世界上最好看的笑容。什么黄金比例呀，都不如罗娜在阳阳心中美好。

❓ 思考：美是什么？

古希腊人摸索出了人体的黄金比例，按照这个规律来打造雕塑，便会让观众觉得"美"，那么，黄金比例就等于"美"吗？

当然不是，即便眼前的雕像都符合"黄金比例"，符合"美"的标准，对于阳阳来说，也比不上罗娜的笑容那般美好。

那么就有了一个问题，"美"是该归给事物，还是该归给我们自己呢？

如果美是属于事物本身的东西，对于同一样东西，为什么有的人觉得它美，也有人不同意呢？同样在一个下着鹅毛大雪的日子里，对于开着暖气围坐在沙发上的一家人来说，窗外的皑皑雪景是一幅美景；而对于吃不饱、穿不暖的贫穷人家来说，眼前的大雪只是灾难的象征，根本和"美"沾不上边。那美仅仅是属于我们人的感受吗？其实也不全是，因为，面对一座臭气熏天的垃圾场，无论是谁都不会觉得它美。

可见，我们很难把"美"单单归给某一方，当我们说"美"的时候，需要事物和自己双方共同在场，"美"就是事物在我们内心引发的感受。当事物与我们内心产生了和谐共鸣，"美"的感觉就自然而然发生了。

二、善良第一，美丽第二

我们不仅喜爱"美"，也希望自己和美更接近，当别人夸我们是"多么漂亮的小姑娘""多么帅气的小伙子"的时候，我们会感到由衷的高兴。

"美"似乎有股魔法的力量，它能够吸引我们。这并不是什么坏事，但是，任何魔法都有变成"黑魔法"的可能，可千万不要掉以轻心哦！

自从看了雕塑展览，阳阳对神秘的古希腊产生了兴趣，于是他买了本《古希腊神话故事》，这天，他在书中看到了这样一个故事：

赫拉、雅典娜和阿佛洛狄忒是天上的三位女神，她们都很爱美。在一次宴会上，一个不知名的人放了一个金苹果在宾客面前，上面刻着几个字：送给最美的女神。赫拉、雅典娜和阿佛洛狄忒都参加了宴会，于是一场争夺便开始了，她们在乎的当然不是那一点点金子，而是那个"最美"的称号，试问，谁不想做最美的女神呢？

其他神仙都不敢评判，天神宙斯决定让一个叫作帕里斯的凡间王子来做评判。帕里斯当时正在特洛伊城附近的艾达山上放羊。

于是三位女神来到山上找到了帕里斯，她们都希望帕里斯将金苹果判给自己，于是每个人都开出了丰厚的条件。

天后赫拉说："如果你将金苹果判给我，我就会让你做世界上最富有国家的国王。"帕里斯无动于衷。

智慧女神雅典娜说："如果你将金苹果判给我，我就会让你成为最有智慧的人。"帕里斯还是没有被打动。

爱神阿佛洛狄忒说:"如果你把金苹果判给我,我就让世界上最美丽的女人做你的妻子。"帕里斯被爱神的条件打动了,于是将金苹果判给了她。

对于这个结果,赫拉和雅典娜非常愤怒,她们都觉得没有获得"最美女神"的称号,是对自己巨大的侮辱。于是她们决定发动战争,毁灭特洛伊城。谁也没想到,区区一个金苹果,竟然引发了一场战争。

? 思考:美会带来灾祸吗?

在"美"的巨大魔法面前,连三位女神也被牢牢吸引了,她们都希望自己能获得"最美女神"的称号。"美"在这里代表着一种荣誉,她们渴望别人把这种荣誉加在自己身上。

实际上,这种称号并不会带来什么改变。三位女神本来就已经足够美丽,得到了这个金苹果并不会使她们变得更美,她们的容貌和内在都不会因为这个金苹果而发生实实在在的改变。这就好比,对于一个丑陋的人来说,戴上一条耀眼的钻石项链也不会使自己变得更好看;对于一个美丽的人来说,没有耀眼的钻石项链也不会使自己变得丑陋。

既然这种争夺并不会让自己变美,那是为了什么呢?其实,为的是"最美"的名声所带来的虚荣,虚荣就是空空的荣耀,其实什么也没获得,反倒给人间带来了战争。

所以,美本身并不会带来灾祸,罪魁祸首是人们的虚荣之心,以及错误的认识。

阳阳对于古希腊的神话故事惊叹不已。他发现,古希腊的神仙并不高尚,他们的脾气和普通人一样暴躁,甚至还有嫉妒和报复的心理。

阳阳和罗娜的关系也因为那次展览而变得更好了,阳阳最近时常会在课间操的时候找罗娜聊天,他刚好可以把自己看的神话故事分享给罗娜听,这不,今天他就把"金苹果的故事"告诉了罗娜。

"这么听起来，那些神仙也太暴躁了，我看她们谁也配不上'最美女神'的称号！"罗娜听完故事，愤愤地说，"我跟你说说我心目中的'女神'吧！"

罗娜开始说起她的故事，她心中的女神倒不是神仙，而是她家乡的一个真实的人。

"女神"是一个聋哑人，由于先天的缺陷，她并没有像普通人一样进入大学学习，而是在聋哑学校读完高中就辍学在家了。不过她并没有无所事事，也从不怨天尤人，由于从小对植物很感兴趣，她便开始在家研究、培育各种植物。村子边一块荒掉的土地渐渐被种满了各种树苗和花草，几年下来，成了小有规模的一片植物园，周围的人也慕名前来参观，还有很多人想购买她培育的植物品种。她不仅解决了自己的生计问题，还给村子带来了许多游客，村里人趁机开了许多"农家乐"，就这样，他们村子变成了一个小度假村。

"家乡人们的生活水平都因为她提高了呢，她却始终温和亲切，对谁都笑眯眯的，真是人美心善，这才是'女神'呢！"罗娜说着，露出了钦佩的神情。

听完罗娜说她的女神，阳阳心中对罗娜的喜欢又增加了一分，他觉得，罗娜不仅笑起来好看，内心也是很美的。

？思考：何为女神？

"女神"这个词，在日常生活中，通常是与"美"联系在一起的。在罗娜的讲述中，我们似乎可以发现关于"美"的更多含义。

罗娜心目中的女神竟是个聋哑人，一个残疾人也能是美的吗？莫非她长了一副天使般的面容？听了罗娜的描述，我们发现，美的地方并不在外表。

首先，她虽然不像我们一样有着健全的身体，但她并不终日悲伤，也不埋怨嫉妒旁人，而是拥有积极的生活态度；其次，她有自己的爱好，并在其中投入了大量的时间，认真钻研，这种专注的学习态度也是她闪闪发光的地方；最后，当她靠自己的努力为全村人带来收益时，既不骄傲也不邀功，相比那些为了"最美女神"的头衔就互相争夺乃至引发战争的女神来说，她淡然的态度，才是更美的。

美并不仅仅在于外表，美也不是从外面贴上的一个标签——女神们为了争夺这个虚妄的标签而变得丑陋不堪。

对于我们来说，想要自己变得美好，并不在于强求别人颁发女神奖章或是男神奖章，因为美更多的是一种从内而外生长出来的东西，如果能像罗娜的女神那样，拥有如此多美好的品质，想成为女神、男神，那也不算是什么难事呀！

第八章 智慧

哲理小结：

　　青蛙一开始以为，自己那片小小的天空、那一汪浅浅的井水就是世界的全部了，因此它满足而骄傲。小鸟和海龟告诉它，外面的世界还有辽阔的天空和大海，于是它决定背起行囊，走出井底。

　　如果青蛙无动于衷，依旧满足于自己的小世界，那会怎样呢？那它就永远都看不到天空和大海了，永远感受不到世界的辽阔了。

　　所以，拥有更辽阔的世界的第一步，就是认识到自己的无知。

一、聪明的机器人

哲学是一门追寻"智慧"的学问,什么是智慧呢?我们有时候会夸一个人:"真聪明呀!"有时候则会说:"你真有智慧!"这两者竟然是不同的吗?

从字面来看,似乎就能发现它们的不同之处。"聪明"指的是"耳聪目明",也就是说,灵敏的耳朵、明亮的眼睛使我们能够准确接收外界的信息,这样一来就会显得聪明,听力受损的人相对正常人而言,肯定显得更笨拙。"智慧"包含一个"心"字,也就是用心去知,那么用心去知道的是什么呢?肯定不是像颜色、形状这些东西,这些靠眼睛就能知道了,用心去知的应当是事物的"道理",也就是说,智慧和道理有关。

小铭是班上出了名的机灵鬼,他仿佛有千里眼和顺风耳,总是能第一时间获得各种最新消息。这不,一天下课,他神秘地挥舞着一张宣传单,在大家面前说:"市里的科技馆新开设了一个'机器人世界',明天是开放的第一天,我们学校的同学只要拿着校卡,就能免费参观,谁想去看?"

"什么样的机器人啊?"

"我们能摸到机器人吗?是电视上那种和人长得很像的机器人吗?"

"哇,这也太酷了吧!"

"有些机器人比人还厉害呢!前阵子我哥告诉我,现在和机器人比赛下棋的话,我们人类只有输的份儿。"

"那这机器人也太聪明了吧!"

大家你一言我一语,不少同学都兴致勃勃地想去长长见识。在一阵叽叽喳喳的议论之后,小铭宣布明天放学后大家一同前去参观。

第二天放学,一群小伙伴兴高采烈地去科技馆,阳阳当然也去了,他想见识见识现在的机器人到底有多聪明。阳阳家里有一个机器人，准确地说是一个扫地机器人，它遇到桌子会自动转弯，除此之外并没有其他令人惊讶的地方，阳阳觉得它更像个机器，而不像人。

刚走进"机器人世界"，便有一个引导员走过来招呼大家，带领同学们参观各个项目。

第一个项目是"和机器人比赛投飞镖"，大家来到一个靶子前，轮流和旁边的机器人比拼。机器人每次投出去都能正中把心，无论它站在哪个方位，即便是平时最擅长玩飞镖的秦天，也比不过它。

接着大家来到一个会画画的机器人跟前，引导员介绍说，机器人能在五分钟内帮一位同学画一幅肖像画。小铭自告奋勇，引导员让小铭站到机器人跟前，那个画家机器人的"眼睛"对着小铭眨巴了两下，便开始用自己的机械臂作画，一会儿，果真画出了一幅肖像画，除了没上颜色，简直可以和照片媲美。

此外，还有会弹琴的机器人。只见一个机器人一本正经地坐在钢琴前，阳阳一开始以为它只会按几个键，没想到它竟然能演奏整首优美的钢琴曲，小伙伴们听完都不自觉地为机器人鼓起掌来。

参观完各个项目之后，大家惊叹不已。引导员告诉大家，"机器人世界"还设置了一个"隐藏项目"，就藏在参观的过程中。小伙伴们都摸不着头脑，思来想去也没想到隐藏项目是什么，莫非是科技馆在哪里设置了机关？

"我知道了！"小铭拍了拍脑袋，"引导员是个机器人！"

"这位同学说对啦！"引导员说道。

小伙伴们惊讶地望着小铭，又惊讶地望向引导员，一个个目瞪口呆。

❓ 思考：机器人有智慧吗？

科技发展到今天，机器人已经拥有了越来越多的功能。有专门干体力活的机器人，它们可以扫地、搬运重物；有武力值很高的机器人，它们能够精准射击；有擅长文化活动的机器人，比如会下棋、作诗和画画；还有能和人聊天的机器人，它们和人对话自如。

人们能够做到的事情，机器人大都可以做到，甚至做得比人类更好，那么，机器人是不是比人类更有智慧呢？

要回答这个问题，我们首先要看看机器人是怎么工作的。

我们要制造一款机器人，除了需要用材料制造出机器躯体，还要为它们编写一段程序，不同功能的机器人需要的程序不一样，功能越高，程序越复杂。

机器人是按照程序运作的，但它并不了解自身，不了解程序中的道理。它纵使能够弹出美妙的音乐，却并不懂得欣赏音乐；它能够通过自己的眼睛和耳朵接收外部的色彩、声音，但并不理解色彩、声音。我们有时候会发自内心地感叹，这幅画真美，这段音乐真好听，机器人却不能"发自内心"做出什么，它只会根据程序的设置，做出行动和反应。在这个意义上，机器人有的不是智慧，而只是功能。

二、冒牌的智慧

人人都希望自己是有智慧的，但并不是人人都爱智慧。社会上存在着这样一群人，他们宣称自己有智慧，把自己的观点说得头头是道，实际上他们并不关心智慧之事。他们往往热爱辩论，但辩论不是为了弄清事情的道理，而是为了获胜，进而获得其他好处，比如名声或金钱。

对于这种冒牌的智慧，你能识别出来吗？

相传古希腊有一位出名的诡辩家，名叫欧布里德，他在大公手下做事。

有一天，天空乌云密布，眼看有一场大雨，大公便吩咐欧布里德带人将晒在外面的谷堆搬回粮仓。欧布里德口头上答应了，却迟迟没有行动，结果可想而知：谷子全被淋湿了。大公非常生气，便向欧布里德问罪。

欧布里德一点儿都不慌张，反问说："一粒谷子不能算作谷堆吧？"

"一粒谷子当然不能。"大公不假思索地说。

"那么再加一粒呢？也不是谷堆吧？"欧布里德补充道。

"不是。"大公回答。

"再加一粒仍然不是谷堆，如此这般，四粒、五粒……每加一粒稻谷都不能形成谷堆，谷堆根本就不存在，您又让我搬什么呢？"欧布里德理直气壮地说。

大公听了，一时说不出话来。

❓ 思考：谷堆存在吗？

你们是不是和大公一样，明明觉得欧布里德的做法是有问题的，一时间却不知道如何反驳，甚至还觉得他说的话似乎有那么一点点道理？

这就是花言巧语的力量。一粒稻谷的确不能算是谷堆，两粒、三粒都不行，但是这不代表谷堆就不存在，因为数量是可以积累的，当有几百万颗稻谷的时候，谷堆必定存在。况且，对于大公和欧布里德来说，稻谷就在外面的地上晒着，这是一个事实。诡辩的人忽视了事实，只懂得使用语言技巧，以达到自己的目的。

当然，大公也是很聪明的人。到发工钱的时候，除了欧布里德，其他人都拿到了自己的工钱。欧布里德不服气，便去找大公理论。这一次轮到大公淡定自若了，他说："一枚钱币不是你的工钱吧？再加一枚，也不是你的工钱，再加一枚依旧不是。这样的话，每加一次都不是你的工钱，你的工钱根本不存在，我为什么要付给你呢？"

大公按照欧布里德的方式反驳了他，也用他的工钱弥补了谷堆的损失，欧布里德只能认命。可见，他虽然善用言语，却不具有智慧，不然怎么既让大公损失了谷堆，又让自己失去了工钱呢？他这不是损害了两个人嘛！

公孙龙是战国时期赵国一位有名的辩士。相传有一次他牵着一匹白马前往秦国办事，当时赵国大量的马匹感染瘟疫，秦国便不准赵国的马进入秦国，在入关的时候，他自然被看守的官员拦了下来，并被告知人能进，而马不能。

"这匹白马不是马，怎么不能进呢？"公孙龙开始向官员解释起来，"马和白马是两个不同的词，马呢，指的是这个东西的形状，白马则主要是说它的颜色，二者形状和颜色肯定不相同，因此白马不是马。"

"可是拥有一匹白马难道不等于拥有一匹马吗？"

"如果一个人要一匹马，那么给他一匹黄马或黑马都可以，但是，如果他要的是白马，给黄马或黑马就不行了。可见白马和马不能画等号，如果二者真的是一样的，为什么要一匹白马，不能给黄马、黑马呢？"公孙龙反问道。

官员被问住了，一时答不上话来，于是只好挥了挥手，放他和那匹马一同过关。

? 思考：白马是不是马？

要是平常问这个问题，大家肯定想都不想，便不约而同地做出肯定的回答："白马肯定是马呀！"但是，公孙龙反对这种显而易见的事实，并能把人说得哑口无言，他的话真的有道理吗？

其实，他在这里偷偷耍了个花招。马和白马这两个词语，的确是不同的，因为马包括白马、黄马、黑马等各种颜色的马，它所指的范围更大一些，白马仅仅指白色的马，它的范围要小些。就两个词语能够使用的范围而言，的确不一样，但我们不能就此说"白马不是马"，因为白马已经被包括在马的范围里了，白马终究是属于马这种动物中的一种。马是大类，白马是小类。

公孙龙用自己"白马非马"的言论赚足了名声，但是我们应该懂得，这种玩弄词语的行为并不是智慧的表现，千万不要被迷惑哦！

三、一条关于智慧的神谕

在我们身边，总有很多聪明优秀的人，你觉得其中最有智慧的人是谁呢？

有的同学大概会觉得自己的老师最有智慧，因为我们有什么学习上的问题，只要问他们就能得到答案；有的同学会认为医生最有智慧，因为只要自己说出哪儿不舒服，他们就能神奇地判断病因，并将病痛消灭；有的同学不服气了，认为自己凭借数一数二的成绩也配得上最有智慧的称号，毕竟智慧是个好东西，谁不想和它沾点边呢？

在古希腊，那个智慧的发源地，有这样一个人，他被神认为是最有智慧的，这个人就是苏格拉底。

德尔斐神庙是古希腊的一座有名的神庙，相传是为太阳神阿波罗所建，古希腊人经常去祈福许愿。

有一天，神庙的祭司传下神谕（神的话语）说："没人比苏格拉底更有智慧。"苏格拉底得知后，感到十分奇怪，雅典这么多有才能的人，竟然没有人比自己更智慧吗？但是神不可能说谎呀，为了弄清楚神谕到底是什么意思，苏格拉底便去拜访各种各样的人，特别是那些自认为有智慧的人。

苏格拉底首先拜访的是雅典的政治家。政治家是一帮能说会道的人，因为他们需要精通演讲的技巧，用动听的言辞来吸引人们，让人们支持自己。但是苏格拉底发现，他们并不知道什么是真正对人们好的东西，空有"能说会道"的本领。

接着苏格拉底拜访了诗人。诗人是一帮依靠"灵感"创作的人，但是他们也不知这灵感来自何方。他们口中、笔下的确会出现很多美好的东西，但他们根本不理解这些东西，他们就像是"灵感"的传声筒，并不掌握什么智慧。

最后他拜访了工匠。工匠了解许多他们自己领域的知识，比如，知道怎么用木头制做一张精美的桌子，知道怎么冶炼出锋利的武器。这种专业知识使得工匠自以为是，他们甚至认为自己在其他领域也能发表意见：一个木匠或是一个厨子认为自己也能治理国家。

几经折腾，苏格拉底总算弄清了神谕的意思：其他人在自己并不了解的事情上都自以为有智慧，只有苏格拉底知道自己无知。就这点来说，的确没有人比他更有智慧了。

？思考：无知是智慧吗？

同学们，你们明白神谕的意思了吗？苏格拉底知道自己无知，所以被神认为是最有智慧的人。无知和智慧竟然也有关系吗？

按理来说，无论是政治家、诗人还是工匠，都在各自的领域比苏格拉底拥有更多的知识，为什么他们没有苏格拉底有智慧呢？

原因在于，他们只是在某一方面"有"知识，却没有意识到自己在别的方面没有知识。这就好像一只趴在井底的青蛙，它只能看到头顶的一片天空，却以为那就是世界的全部了，只有当青蛙跳出井口，到大千世界看看，才会知道自己以前有多无知。

当然，知道自己无知只是一个好的开始。无知并不能直接和智慧画等号，我们总不能为自己的"一无所知"扬扬得意，而是要在此基础上，不断扩展自己的学识，始终走在热爱和追寻智慧的道路上。这才是神谕要告诉我们的东西。

第九章
和谐

哲理小结：

小裁缝和老鞋匠一起到大城市打拼，小裁缝开朗的个性使得他获得了更多的机会，老鞋匠对此很是不服气，甚至心中滋生对小裁缝的不满。

后来两个人一起为国王做鞋，自信满满的老鞋匠打算给小裁缝一点颜色看看，却没想到最终做好鞋子还是靠小裁缝帮的忙。小裁缝的友好大度使得两个人成功完成了国王交给的任务，相信同学们和老鞋匠一样懂得了"人和万事兴"的道理。

一、疾病的教训

和谐与混乱，我们肯定更喜欢前者。当我们与自然和谐共处时，一切都美好安宁，如果人们破坏自然，就会给自身带来灾祸。当社会处于和谐状态的时候，一切都井然有序，如果人们随意破坏公共法规，自身的安全和利益也会遭到损害。

和谐的重要性还体现在身体状况上，我们之所以能够每天活蹦乱跳，是因为我们身体的各个器官是和谐的。各个器官相互配合，我们就健健康康，要是哪个环节出了差错，我们就会生病。

最近有件事情闹得人心惶惶，原来 B 市出现了一种传染病，主要通过人们说话、咳嗽带出的飞沫传播，传染性极强。得了病的人首先是出现类似于感冒的症状，如果没有得到妥善治疗，身体各个器官便会遭受病毒的损害，严重的会失去生命。

B 市与阳阳家所在的 A 市相邻。这天，阳阳和妈妈来到菜市场买菜，选了几样新鲜蔬菜后正准备回家，突然发现有三辆警车在菜市场的南门停了下来，从车上下来很多警察，他们往菜市场一侧卖鱼虾等水产品的档口走去。买菜的市民都感到很奇怪，这个菜市场是周围居民每天都要来的地方，这些档口大家再熟悉不过了，什么问题会引得这么多警察特地前来呢？

阳阳和妈妈也停下了脚步，前几天阳阳家还在这里买了条鲫鱼呢！只见一群警察进入其中一家档口，其中三四位警察负责盘问，另外几位走进了档口，似乎是进去搜查。不一会儿，里面的警察出来了，还带出了几个盖着布的小笼子。阳阳听到周围的市民议论纷纷，好像和什么"野生动物""感染病"有关。

第二天，阳阳和妈妈再次来到菜市场时，发现那家档口已经关闭了，菜市场的正门也贴了个大大的告示：禁止买卖野生动物！

? 思考：为什么不能吃野生动物？

野生动物是大自然的一部分，如果人类不停地捕食它们，就会破坏自然的平衡。打个比方，要是麻雀被人吃光了，它们的食物——害虫就会增多，进而植物的生长就会受到影响，整个生态的和谐就会遭到破坏。就像人的身体器官，少了一个，身体的和谐状态就会被打破。因此，保护野生动物就是保护我们的生存环境。

大自然为我们提供了多种多样的食物，但我们不能太过贪心，应当取之有度。在四千多年前，大禹就曾经颁布法令，要求百姓在鱼虾成长的季节停止捕捞，好让它们有生长的时间。为什么呢？因为，要是大家都在它们幼年就去捕捞它们，那么鱼儿很快就会灭种，鱼没有生存的空间，人们吃完最后一条鱼，就再也没有了。

更何况，很多疾病都和食用野生动物有关。我们餐桌上常见的肉类大都是家禽，这些肉类都经过了卫生检疫，所以是安全的，而野生动物通常都是偷偷贩卖，没有经过正规的检查，动物身上往往有各种病毒和寄生虫。例如，蛇的体内有一种叫作裂头蚴的寄生虫，一般的蒸、煮、涮无法杀死它们，用冰箱冷冻也没有用，它们在零下十几摄氏度的环境下也能存活。

要是吃了这些东西，人肯定会生病，生病就是身体的和谐状态被打破，可见，破坏了自然的和谐，也就会威胁到自身的和谐，人和自己的生活环境是一体的。

传染病真是个可怕的东西，由于现在交通便利，病毒跟着人们的脚步向四面八方传开。起初在 B 市暴发的传染病，已经蔓延到周边城市了，这就包括阳阳所在的 A 市。

这些日子，无论是学校还是小区，都紧锣密鼓地开展防控传染病的工作。

这种变化让每个人都不得不跟着改变。一开始只有一小部分人出门会戴上口罩，后来，随着感染人数的增加，口罩成了必备品。现在，阳阳每天上学路上都要戴口罩，无论是公交车还是地铁，没有口罩的一律无法搭乘。这让他感到很不自在，以前不用戴口罩的日子多方便呀！这东西捂着嘴巴，既不方便又不舒服。

这不，周末和家人逛商场，阳阳买了杯冰奶茶，本来说好了回家再喝，但实在没忍住，就在商场把口罩摘了下来，边逛边喝了起来。阳阳怀着侥幸的心理，觉得自己不会这么倒霉，不至于就会被传染。阳阳的爸爸妈妈也没注意到阳阳的这一举动，他们正忙着购物呢！

第二天，也就是周一，阳阳一起床就感觉不对劲，吃早饭的时候一直咳嗽，头也昏昏沉沉的，阳阳吓坏了：莫非是昨天在商场没戴口罩惹的祸，不会真的得了那种可怕的传染病吧？他支支吾吾地向爸爸妈妈坦白，要是平时，爸爸准会先批评一顿阳阳，但是这次情况与以往不同，爸爸只剩下担心了。在向老师请假之后，阳阳的爸爸便带着阳阳赶往医院。

好一顿折腾之后，检查结果出来了："你只是普通的低烧，和这次的传染病没有关系，你是不是吃了什么生冷的东西，或者着凉了？"

"昨天你喝了杯冰的饮料！还有啊，昨天气温那么低，你不肯穿件厚点的衣服，非要穿你那件卫衣，要'风度'不要'温度'，这下知道自己错了吧！小孩子总得吃点亏才懂事！"爸爸说着，无奈地摇了摇头。不过大家伙都松了口气，要是阳阳真得了传染病，大家都得隔离观察呢！

? 思考：为什么要戴口罩？

当传染病暴发，我们每个人的健康都受到威胁，要是不采取行动，任由疾病肆虐，就会造成很严重的后果。

感染人数增加后,医院的医生、药物和器材都会出现短缺,病人得不到良好的照顾;体质差的人感染之后,容易丧失生命;如果社会上一大批人都得病了,正常的生活就无法维系,饭馆关门了,工厂停工了,商场也冷冷清清。整个社会就会渐渐陷入混乱之中。

规则是为了维护社会的和谐,我们戴口罩不仅是为了能够进学校、进商场,也不仅是为了自己的健康着想,而是为了不让整个社会陷入混乱。

阳阳心怀侥幸,在商场把口罩摘了下来,因为他觉得只有自己一人这样做,应该不会有多大影响。

设想,如果每个人都像阳阳一样抱着这种心态,那传染病很快就会在人与人之间流传开来,不久社会就会陷入一片恐慌。不过,阳阳是幸运的,他的感冒只是由于他忽视了自己"身体的和谐"——只惦记着穿好看的衣服,而忘了保暖。

二、"和"而不同

一幅画之所以美丽，不是因为它只有一种色彩，而是因为画家将不同的色彩搭配得恰到好处。世界上的事物是千姿百态的，要达到"其乐融融"的和谐境地，就要学习画家的智慧。

我们都知道要爱护动物，但我们没必要给它们建起房子，毕竟房子对很多动物来说，反而是"牢笼"，我们要做的，只是不侵占它们的生存环境。

所以，我们不需要让一切都变成一个样。就像在花园里，齐刷刷地种着一种花并没有什么好看的，让不同的花儿展现自己的身姿，"百花齐放"才是我们追求的"和谐"。

班里的小小合唱团在全校比赛中没有获得好成绩，虽然班上的其他同学没有责怪合唱团的团员们，但是，团员们十分自责，因为他们心里清楚问题出在哪里。

合唱团一共八个人，在选歌上大家很快达成了一致意见，选了一首《我的祖国》，然而在整首歌的排练中却闹了些不愉快。原来呀，这首歌在合唱中要划分高音部分和低音部分，八个人中，要选出四个高音、四个低音。

问题就出在这里，几位同学都想唱高音部分，因为大家觉得，唱高音能显示出自己的水平。

学校举办这个合唱比赛是为了选拔优秀的同学进入校级合唱团，谁不想在舞台上展示自己的最高水平，进而被裁判选中，加入校合唱团呢？

八位同学争执不下，谁也不让谁，但是总得有人唱低音呀，音乐老师无奈之下只好指定一男一女来唱低音。于是这首歌的合唱就变成了六个高音、两个低音，这两名被选中的"倒霉蛋"也不情不愿。结果可想而知,在最后的比赛中,合唱团的得分排全校倒数第二,没有一个人被选入校级合唱团。更尴尬的是,隔壁班也选了《我的祖国》这首歌,但他们表现得很好,高低音互相配合,赢得一片掌声,最后全部被选入了校合唱团。

? 思考:合唱的秘诀是什么?

聪明的同学大概已经发现合唱团失败的原因了:这八个人,每个人都想唱高音部分,好展示自己的唱歌能力,以便被学校的合唱团选中,这就导致没有人唱低音。

可是合唱一首歌曲,总得需要高低音的配合,大家都挤在高音部分,整首歌的表演就会十分不协调。

每个人都想做最耀眼的那一个,这没有什么不对,但是合唱不是一个人的表演,关键就在于表现出一种和谐美。况且,并不是每个人的声音条件都适合高音,有些人的声音天生比较低沉,唱低音部分不仅能使整体和谐,更能发挥自己的优势。

高音和低音并没有好坏之分,并不是说唱高音就厉害,更重要的是要把自己的部分表演好,和集体完美配合。

这个道理不仅体现在合唱上,在许多方面同样适用,比如踢足球、打篮球等。在很多需要多人参与的活动中,成功的秘诀就在于:找准自己的角色,打造一个和谐共进的团体。

阳阳最近在书中看到一个叫作"负荆请罪"的故事,里面人物的举动使他大受感动。

廉颇是赵国的大将,因为英勇善战而被赵国的君主封为上卿。蔺相如本是一名官员家的门客,后来由于在与秦国的外交中立下了大功,被赵国的君主封为上卿,并且等级位于廉颇之上，这就让大将军廉颇很不服气。

于是大将军廉颇愤愤地和身边的人说："我驰骋沙场，在战争中立下了实实在在的大功劳，而蔺相如只是动动嘴皮子，官位竟然居我之上。更何况他出身卑微，让这样的人压在我头上，实在是气不过！等到下次遇见他，我一定要好好羞辱他一番。"

这话传到了蔺相如的耳朵里，蔺相如便处处避着廉颇，每当上朝的时候，蔺相如就借口生病，以免和他起争执。

有一次蔺相如乘车外出，廉颇的车子从前面驶来，蔺相如赶忙让车夫把车子转到小道上回避。

蔺相如的手下十分疑惑，当初那个在秦王面前威风十足的蔺相如去哪里了呢？这些行为让手下人都觉得丢脸，他们一个个都很气愤，纷纷表示不想再侍奉他："我们来投奔您，是仰慕您高尚的气节，如今廉颇传出这种话，一般人都会感到羞耻气愤，您却如此胆小怕事。请让我们辞去吧！"

? 思考：蔺相如为什么要避让呢？

面对这种羞辱，一般人估计早就当面吵起来了，蔺相如的举动实在是异于常人，为什么呢？难道因为廉颇擅长打仗，所以蔺相如害怕廉颇吗？

让我们来看看蔺相如怎么说的吧！

蔺相如为了挽留自己的手下，和他们解释说："秦王和廉颇，谁更强大呢？秦王如此强大，我都敢当面反驳、呵斥他和他的臣下，我连秦王都不怕，怎么会怕廉颇呢？"

"秦国之所以不敢攻打我们赵国，是因为赵国有我和廉颇两个人。如果我们两个互相争斗，就像两虎相斗，必然会有一方受伤，这时候就会给秦国可乘之机。我之所以避让廉颇将军，是因为我更看重国家的利益，而不计较个人恩怨罢了！"

这番话传到廉颇耳朵里，廉颇既感动又惭愧，于是他脱掉上衣，在背上绑了荆条，到蔺相如门前请罪，并说："我真是个粗鄙之人，没想到您对我如此宽容！"蔺相如当然没有计较往事，而是亲自解下他的荆条，请他到家中坐下，两人相谈甚欢，成了非常好的朋友。

可见,蔺相如并不是胆小,而是他懂得和谐的重要性,因此选择了用宽容来化解冲突。

对于国家来说,只有保持和谐、避免内讧,才能强大起来,不给敌人可乘之机;对于个人来说,和气待人,才能收获朋友。

第十章

生命

哲理小结：

小蜗牛因为自己的壳破了而万分难过，仿佛天塌下来，到处找小伙伴诉苦，它甚至因此觉得活着失去了意义。

直到另一只蜗牛带它去见识"死亡"，它才了解到，活着是多么幸运，能体验世界上的各种美好，拥有生命已是幸事，区区小事有什么好抱怨的呢？我们不应该让乌云遮盖了生命的光辉。

看，"死亡"让我们更加珍惜生命。

一、生命诚可贵

提到生命,就必然要与"死亡"打照面,植物会枯萎,花朵会凋谢,每个生命都要面对死亡。听起来很残酷,这就好像别人送给我们一个玩具娃娃,并告诉我们:"它现在是你的了。"过了一段时间,那个人又来告诉我们:"时间到了,现在我要把娃娃收回去了。"你觉得不可理喻,为什么要收回去,我还没玩够呢!但是不管你怎么哭闹,你都一定会失去它,因为一开始,娃娃就是一个礼物,它不是你理所应当地获得或者占有的。

生命就像是获得的礼物,怀着这种心态,我们应该开心地过好每一天,而不是去担忧或恐惧自己哪一天会失去它。

已经进入冬季,路边的梧桐树早已秃了头,阳阳走在放学的路上,一阵寒风吹过,冷得他打了个哆嗦。他缩了缩脖子,紧皱着眉头。

"嘿!"有人拍了拍阳阳的肩膀,阳阳回头一看,原来是小铭。

"咦,你怎么愁眉苦脸的呀?"小铭问。阳阳还沉浸在刚才的思绪里,没回过神来,脸上的表情估计不是很好看。只听小铭接着说:"莫非是因为快期末考试了?没关系,别紧张,我也没复习呢!"

"唉,的确很难过,倒不是因为期末考试……"阳阳和小铭解释道。

原来,几天前,阳阳接到外婆打来的电话,在电话里,阳阳得知小黑狗"豆豆"去世了。豆豆只比阳阳小一岁,是阳阳外婆在他一岁的时候领养的,刚抱回家的时候才出生没几天,从阳阳有记忆起,每年夏天他都会去外婆家待上一个月,阳阳和豆豆的友谊就是在这一个个夏天中建立起来的。豆豆今年七岁，相当于人的四五十岁，前段时间阳阳去外婆家的时候，豆豆还好好的呢，没想到噩耗来得这么突然。

小铭安慰了阳阳几句。不过，作为班上的万事通，小铭总能给人带来"惊喜"，只见他拍了拍脑袋，说："我知道一个办法，或许能够让你再拥有一只豆豆！"

"什么办法？"阳阳既惊讶又开心，世界上竟然有这种事情？

"你知道'克隆技术'吗？就是在一只动物身上提取一点东西，然后科学家在实验室里捣鼓捣鼓，就能培育出另一只一模一样的动物。二十几年前就有人成功克隆出一只羊了，现在克隆一只狗肯定不成问题。"

阳阳听了小铭一番话，仿佛又看到了希望，他正盘算着回家和爸爸妈妈商量商量，或许这真是个不错的主意呢？

❓ 思考：应该克隆生命吗？

到底要不要克隆呢？要做这个决定，我们首先得知道什么是克隆。

简单来说，如果克隆一只小狗，就要先从这只小狗身上取下一小块皮肤，提取出里面包含遗传信息的部分，把这些遗传信息放到另一个细胞中，再把这个细胞放到一只母狗的体内。完成这些步骤，我们就可以等待小狗崽的降生了。

出生的小狗崽在外貌上和原先的小狗绝大部分是相同的，它们有一样的鼻子、嘴巴等。也就是说，我们不能马上获得一只一模一样的狗，克隆不是变魔法，它不像《西游记》里的孙悟空，从身上拔出一根猴毛，就能变出另一个自己。

所以，通过这种技术，我们得到的只是外貌形态上和之前一样的小狗，其实是一只"全新"的狗。克隆狗不具有原先小狗的记忆，它并不认得原先的主人，它和之前的狗其实是两个生命。每个生命都是独特的，那么我们不应该把它当作"替代品"。

说到这里，有的人会觉得，它都不记得我了，那克隆有什么用呢？有的人依旧会选择克隆，"我就是要一只长得一样的狗陪伴我！"相信每个同学应该都有自己的答案了，不管理由是什么，面对关乎生命的问题，我们都要持有敬畏之心。

2

阳阳刚踏进家门,就开始和爸爸妈妈说起克隆的事儿。

"妈妈,我好想念豆豆啊!"

"爸爸,我今天听说用一种叫作'克隆'的方法,可以得到一只一模一样的狗!我想要豆豆2号!"阳阳带着央求的语气,打起了感情牌。

"听谁说的啊?你知道克隆一只动物要多少钱吗?几十万元呢!我之前在新闻上看到过,有些商家会去克隆犬类比赛中获胜的狗,不过商家是奔着赚钱去的,这些赛犬能为他们赚到的可不止几十万元。"妈妈果断地打消了阳阳的念头。

爸爸在一旁安慰阳阳,并向阳阳科普了克隆的相关知识。"克隆出来的狗都不认识你了,咱还不如买只新的。不对,我们可以去领养一只,这也算是做善事呀,之前豆豆不就是领养的嘛!"

的确,克隆既不划算,也没有办法达到自己的目的,阳阳心里想,自己之所以一开始想要克隆,是因为和豆豆有感情,这些感情是时间累积出来的,它刻在自己和豆豆的生命历程中。豆豆2号没有这些记忆,那和新养一只有什么不同呢?

"好吧!我先回屋写作业了!"阳阳说着,便躲到自己的房间里,他坐在书桌前,拿出相册,翻看着和豆豆的合照。

❓ 思考:如何面对死亡?

既然一切都有灭亡的那一天,那我们活着还有什么意思呢?我们终有一天要和自己的爷爷奶奶、外公外婆、爸爸妈妈告别,与自己的宠物告别,与这个熟悉的世界告别。死亡把一切抹去,就像海滩上打过来的海浪,它把我们辛辛苦苦用沙子堆起来的城堡全抹平了。

对于这个问题,我们可以看看哲学家海德格尔的观点,他认为,死亡也有积极的一面。

什么?恐怖阴森的死亡也有积极的一面吗?

没错,在海德格尔看来,当接受"死亡"这个不可避免的终点时,我们便可以更好地面对活着的每一天。"死亡"的恐怖面孔就像当头一棒,使人们突然醒悟:"咦,我是活着的,是有生命的。"生命是属于自己的,与那乌漆麻黑的"死亡"相比,生命是五颜六色、鲜活动人的,那么我们就更应该珍惜生命,过好每一天。

面对死亡,我们不用担惊受怕,也不要遗憾难过,因为它在提醒我们,珍惜身边的家人、老师、同学,投入每一天的生活中去。

对于阳阳来说,虽然豆豆去世了,但是他们曾经一起度过的时光是美好而难忘的。海浪虽然会把我们堆起来的城堡抹平,但是我们一起堆城堡的时光里充满欢声笑语,这些真真切切的体验是海浪无法带走的。

二、身和心

"尽管我的身体坐在这儿,可是我的心早就不知道跑到哪儿去了!"这句话大概描绘了很多同学放假前最后一节课的状态:虽然老老实实坐在座位上,但是思绪已经飘到游乐园或是其他地方了。这种情况还发生在梦里,晚上睡觉的时候,虽然躺在床上,但是我们能梦见我们在吃饭、在玩耍,甚至在天上飞翔,做一些平常根本不可能做到的事情。

我们拥有身体,通过它可以做各种各样的事情,不仅如此,我们还可以思维,思维能突破身体的限制。许多哲学家认为,我们之所以拥有这种能力,是因为人除身体之外,还拥有心灵(灵魂)。

《西游记》里的妖怪总是说,吃了唐僧肉就可以长生不老。虽然阳阳每次看电视时,都会在心里默默祈祷,希望孙猴子赶快来救他那弱不禁风的师父唐僧,但是他一直有一个问题:世界上真的有什么东西,人吃了就可以长生不老吗?

"古代许多王公贵族沉迷于寻找长生不老的药,但是正因如此,很多人吃了些乱七八糟的东西,损伤了身体,反而死得更早了。从医学上讲,人身体的各部分都是有寿命的,比如,人心脏里的心肌细胞,最理想的状态下能运转120年,人脑袋里的脑神经细胞,最多能活150年。长生不老药这种东西,在医学上还没研制出来呢,不过随着医学的进步,许多以前治不好的疾病现在都能被人解决。"作为一名医生,阳阳的妈妈从专业的角度和阳阳解释。

唉!看来问题都出在我们的身体上,阳阳心里想,如果我们能拥有一具永远不会损坏的身体,该多好呀!

? 思考：身体是束缚吗？

有的同学可能会说，我们的身体真是既脆弱又麻烦，它怕冷又怕热，需要休息，需要吃东西……而且身体会生病，要是照顾不周，我们就得躺在病床上，这时候既不能去上学，也不能和其他同学一起玩，还得挨针扎，吃最苦的药。

这么来看，人类的"身体"好像真是个"坏"东西。不过，经过这么长时间的哲学思维锻炼，我们都应该知道，不能只从一个角度看问题，身体带给我们的当然不止这些。

我们是通过我们的身体活在这个世界上的，正是通过它，我们可以感受到阳光洒在身上的温暖，我们的舌头可以品尝到美味的菜肴，我们的眼睛能够看到山川、湖泊和各种绮丽的风景，我们的耳朵可以听到各种有趣的声音。通过身体，我们与外界"打交道"。

所以，如果把身体仅仅看作一种束缚，那就太对不起它的这些功劳了！

阳阳的哥哥给阳阳讲了一则关于灵魂的故事，他是无意中翻看家里的书，在一本叫《理想国》的书的结尾处看到的，因为很有意思，便记了下来。

故事是这样的：一个叫厄洛斯的勇士在战争中受伤死去了，他的亲人把他运回家举行葬礼时，他又复活了，复活之后，他便和人讲起自己在另一个世界看到的情景。

他说，自己的灵魂离开身体后便来到另一个世界，在这里，他和其他灵魂一起来到一个奇怪的地方，这个地方有两个洞口，一个通天、一个通地，在洞口中间坐着一个法官。活着的时候行为正义的灵魂被宣判进入通天的洞口，邪恶的灵魂只能进入通地的洞口，轮到厄洛斯，他并没有被审判，法官告诉他，他此行的任务是把在这里看到听到的事情传递给世界上的人。

于是他继续观察，他发现还有很多灵魂从另外两个出口走出来，从天上出来的人分享着自己在天上幸福快乐的一千年,从地下出来的人则痛苦地诉说着自己遭受的惩罚,他们要为自己生前做过的坏事接受惩罚,并且是十倍的惩罚。罪过太重的,或是没有受够惩罚的,都不可以从地下出来。

那些在天上地下待满一千年的灵魂接下来便要回到人间,不过在这之前他们要选择自己的命运,没错,是自己选择自己的命运。他们一起来到一个地方,在这里,神将各式各样的"生活模式"摆在他们面前,供他们选择。

厄洛斯看到,第一个选择的灵魂挑了一个"暴君"的命运,他出于贪婪和愚蠢,只看到了暴君拥有无上的财富和权力,却没有看到其中还包含杀死自己的孩子,当他定下心来想想,又后悔了,但已经无法改变。这个灵魂在天上生活了一千年,前世是个循规蹈矩的好人,不过他之所以好,倒不是因为学习哲学、明辨善恶,而只是恰好他所在的地方有良好的风俗习惯。像他这样没有吃过苦头,也没有学习智慧的灵魂,很容易受到这种表面的诱惑。

很多灵魂的选择都和自己的前世有关,有的灵魂憎恨人类,选择了做动物,比如做鹰、做天鹅,有的灵魂不想再辛苦劳累,选择了无须忧虑太多事情的普通人的生活。

总之,当在场的所有灵魂都选好后,大家便一起前行。

在路上他们经过了一条河,神要求大家在这条河里喝规定数量的水,这种水使得灵魂们忘记一切,睡着之后所有的灵魂都被抛到人间,开始他们这一世的生活。而厄洛斯也回到自己的身体中,和大家讲述了这段旅程。

❓ 思考:真的有灵魂存在吗?

这则故事出自柏拉图之笔,在柏拉图看来,人有灵魂,灵魂不像身体那样,会因为生病而受到伤害,疾病可以毁坏身体,却不能伤害灵魂,因此灵魂是永生的。但是呢,灵魂会被"败坏",也就是说,会被玷污,玷污灵魂的是一些不好的品德,比如贪婪、自大、恶毒等。

当然，也有人认为，人是没有灵魂的，像灵魂、心灵等，只是我们人类的想象，既看不见也摸不着。我们发明"心灵"之类的词语，只是用来描述我们的能力，比如我们能思考、能想象、会发怒、会高兴，我们看得见的只有身体，这些能力不过就是身体的功能而已。

关于这个问题，还没有让所有人信服的答案。不过，即便如此，柏拉图的故事还是告诉了我们很多道理，无论灵魂是否存在，是否永生不灭，我们都必须为自己的行为负责，不做损害他人的事，并且，我们要积极地学习智慧，这样才能选择一种好的生活模式。

三、一场辩论赛

——你愿意永生吗?

一场辩论赛在阳阳的学校举行了,题目是"你愿意永生吗?",正方和反方的观点都格外精彩,下面我们一起来看看吧!

正方:

永生当然是好的。

首先我们拥有无限的时间,可以学习很多知识,无论我们把这些时间用在哪项技艺上,都有希望做到登峰造极。这样,那些本来就很聪明的头脑会变得更加聪明,我们就可以研发出很多高科技,改善人类的生活。

另外,我们能和我们喜欢的家人朋友一直在一起,我们可以一起尝遍世界各地的美食,一起看遍地球的各个角落,甚至我们还可以乘坐宇宙飞船,探索宇宙的奥秘,毕竟,人能永生的话,肯定能造出很厉害的宇宙飞船。

反方:

永生不见得就是件好事。

如果人能一直活下去,那么地球上的人就会越来越多,如果人们不停止生育,地球肯定是容纳不了这么多人的,这样就不得不将一部分人移居到其他星球(如果能找到适宜居住的星球的话),或者让一部分人生活在飞船里,漂泊在宇宙中。

谁愿意离开自己的家乡,当一个流浪者呢?

其次,如果我们能永生,那么我们终有一天会厌倦那些美味佳肴,一切对于我们而言都不再新鲜有趣。并且，由于能够一直活着，我们就不会意识到生命的可贵，反而很可能对生命感到厌烦；由于不会失去我们的家人朋友，我们反倒会变得肆无忌惮，人与人的相处并不会因为永生而变得友好，争吵倒是有可能增多。可见，快乐并不会因为永生而增加，只要我们足够珍惜当下的每一刻，无论生命长短，我们都能活得很好。

同学们，你赞同正方还是反方呢？

你能补充一些自己的观点吗？

第十一章

社会

任何工作不分高低，职业也不分贵贱。每个人都发挥出自身的价值，共同配合，我们的社会才能正常运转。

布谷鸟、鹦鹉、平平无奇的麻雀，还有会唱歌的百灵鸟，同样都有自己的价值。

哲理小结：

鹦鹉逗人开心，布谷鸟能报春，它们各有各的长处。只会唱歌的百灵鸟觉得自己很没用，直到它遇到麻雀后，逐渐明白原来每个人都有自己的长处。于是它放声高歌，动听的旋律为音乐家带去灵感。

只要我们善于发现自己的长处，并充分发挥优势，每个人都能成为对社会有价值的人。

一、从学校到社会

社会是由人组成的共同体。俗话说，人多力量大，在社会中我们总能做到一个人做不到的事，并获得更多的东西。

比如，一个人盖房子，只能盖起茅草房、小木屋，肯定不能盖起一座摩天大楼，但是一群人可以。这不是说，只要把一群人凑在一起就万事大吉了，而是需要每个人都发挥出自身的作用：有人画图纸、有人打地基、有人运材料、有人扎钢筋，还需要懂得电路设计等各方面的人才。想想茅草房和高楼的区别吧，正因为各种"专业人才"的分工和合作，我们才能做得又快又好。

在古代的小农社会，人们自己盖房子、耕田、织布，完全可以自给自足。如今，社会的分工越来越精细，越来越多的事情由专门的人负责。我们在饭店品尝精致的食物、在商场购买漂亮的衣服，都是在享受社会分工带来的果实。有一天，我们自己也要进入社会，承担起自己的那份责任。

期末考试就要来了，周末阳阳只能待在家复习。他看了一会儿书，思绪便飘到了其他地方，他想到了前一阵子看的一部电影，名叫《怪兽大学》。在怪兽世界里，它们也要学习和考试。小怪兽"大眼仔"从小就想做怪兽电力公司的"惊吓专员"，惊吓专员的任务是在夜晚潜入人类小朋友的房间，使劲吓唬他们，小朋友被吓得越狠，怪兽们就能获得更多的电力，怪兽世界的电力就是靠这种方式获得的。大眼仔要成为它梦寐以求的"惊吓专员"，就要在怪兽大学学习各种惊吓技巧，并通过考试。

唉，考试考试，什么时候是个头呢？一个人学不下去，阳阳便把书带到哥哥姐姐家，想着先和哥哥姐姐玩一会儿再看书。不过,阳阳忘了,哥哥姐姐也要期末考试了,高中的课业更加繁重,哪有时间陪阳阳玩呢。要是能取消考试,该多好呀!阳阳心里想。

? 思考:为什么要考试?

  我们在"学习"那一章已经提到过,学习是人的天性,并且,学习是生活的必要前提。也就是说,我们学习不是为了应付考试,既然如此,我们每天乖乖上学就好了,为什么还要考试呢?如果考得不理想,不仅在朋友面前没面子,回家还得挨批。要是取消考试,同学们就不必为自己的成绩担惊受怕,老师们也省了批改卷子的麻烦,家长们再也不用看到自己孩子那糟心的分数,这不就天下太平了吗?

  如果考试有百害而无一用,为什么从小到大我们要考这么多试呢?并且,从古到今,从国内到国外,都有各种考试的身影。考试还以不同的面貌出现在生活的方方面面,比如"考驾驶证""考教师资格证""考厨师证"等,不仅是小孩子,成年人也躲不过各种考试。

  就拿考驾驶证来说吧,但凡开车的人,都必须经过考试,通过了考试,拿到驾驶证,才能上路。不是每个人都有资格在马路上开车的,出了岔子,就是人命关天的事情。聪明的同学会发现,在这里,考试的作用就很明显了:鉴别人们是否有做事情的能力。并且呀,开大客车和开私家小汽车的考试内容也不一样,"客车司机"属于一种职业,需要更高的技能水平,我们每天坐在公交车上,尽管只有短短十几分钟的路程,但谁也不希望遇到个"菜鸟司机",因为谁也不想坐个公交车还得担心自己的生命安全。通过"考试"这种手段,我们就能在很多人中选拔出合格的人。

  不仅是司机,很多职业都是如此,所以成年人也逃不过考试。只不过,我们这里所说的考试并不仅仅是指"做卷子"这一种方式,还有很多需要动手操作的考试,比如飞行员要试飞、厨师要做菜等。社会要运转起来,需要很多拥有不同技能的人,要怎么找到这些人呢?如果没有考试的话,我们如何在千千万万的人中选取合适的人呢?现在我们在学校参加的考试虽然和"考驾驶证"这种考试不一样,但是,它也能告诉我们,我们更擅长学什么、做什么，所以我们大可不必害怕它，而是要好好利用它。

看来考试不是大人发明用来折磨小孩子的，而是出于整个社会分工、挑选人才的需要。要想取消考试，聪明的同学得先想想有什么更好的办法替代它！

阳阳的哥哥阿彦对农业很感兴趣，他经常说自己想当一个农场主，这不，中午吃饭的时候，阿彦和阳阳说起了自己的假期计划，其中的重头戏就是去实地学习"大棚种植"。

阿彦对农业的热衷总是遭到他妈妈的反对，阿姨不想自己的儿子去种地，因为阿姨的父辈就是农民。在阿姨的记忆中，农民既辛苦又得不到别人的尊重，整天和泥巴打交道，一点都不体面。

"做农民有什么不好的，我们吃的粮食可不是从天上掉下来的，都是农民种的。人们种下种子，过段时间就会有作物长出来，看着自己种的东西一点点长大，多有成就感！而且我喜欢和大自然打交道，如果以后我有能力，就要经营一座属于自己的农场，种大片大片的粮食，开辟一角种瓜果蔬菜，再养些牛羊牲口。"阿彦说得激情满满。

阳阳对于农田、土地之类的事情不感兴趣，他以前甚至不知道这也能成为一种职业。在他的印象中，只有那些穿着精致、侃侃而谈的人才会受人尊重，他们社会地位高，赚钱也多。他有点赞同阿姨的想法，农民不都是不读书的人当的吗？我们好好读书，不就是要去做些更"高级"的事情吗？

? 思考：孰高孰低？

可能不少同学都有和阳阳一样的想法，虽然没有瞧不起农民，但是总觉得农民不够"高级"。有的父母望子成龙，还会和我们说这样的话："你们可得好好学习，不然以后只能去种地、扫大街！"

那么，是不是有些人就是比别人更"高级"呢？有的职业就是比别的职业要高贵呢？有的同学可能会认为，科学家最高级，他们发明了很多造福全人类的东西，像医生、教师、警察这些职业也很不错，说出去都很有面子。

但是，如果每个人都这么想，每个人都去做这些工作，整个社会真的会越来越好吗？试想，如果没有人来处理我们每天制造出来的垃圾，那么我们的街道就会变得臭烘烘的，苍蝇蚊子到处繁衍，便会传播各种疾病，到那个时候，没有一个人能够继续体面地生活下去。再有，如果没人愿意去田地间劳作，我们的食物就会匮乏，没有吃的怎么有力气学习和干活呢？整个社会很快会陷入瘫痪之中。

看来，我们真不能小瞧任何职业。打个比方，我们要建起一栋二十层的高楼，必须有第一层、第二层、第三层……第十九层作为基础，当我们站在第二十层欣赏美景的时候，可不要觉得底下的楼层都不值一提，因为无论把哪一层楼拆了，第二十层都会不复存在。但是，如果我们把第二十层去掉，下面任何一层楼都不会受到影响。

这个时候，到底孰高孰低呢？

二、分配的难题

　　社会中的人不是整齐划一的，不同的人担任不同的角色，他们所处的地位各不相同。有的人是专门从事技术、生产工作的，他们为我们制造出各种生活必需品；有的人与人们的思想打交道，比如老师、诗人、艺术家；还有的人则是整个社会的管理者，他们通常要考虑的是如何维持社会的公正，因为人与人之间总会存在争端，每个人都希望自己获得更多的利益，唯恐自己吃亏。

　　管理社会？这听起来离我们也太远了，而且不像是我们能操心的事。其实不然，通过班级里发生的这桩事，同学们一起来思考一下这个大问题吧。

　　学期结束了，阳阳所在的班级整个学期表现良好，在班级评比中，学习成绩、道德品质、纪律、卫生等方面都得到了不错的分数，因此获得了"优秀班级"的称号，学校发放了一笔班费作为奖励。要怎么利用这笔班费呢？大家看法不一。

　　首要问题是，谁有权力决定这笔钱的用处？

　　班长小孙建议由班主任决定，大家听班主任的安排就行了，理由是班主任懂得比他们多，肯定能够合理安排，让这笔钱发挥最大的作用。

　　副班长童童则主张由全体班干部讨论后决定，他认为这样能收集到很多不错的建议，因为班干部都是比较优秀的学生。

　　机灵鬼小铭则提出，应向全班同学征集意见，列出几个选项，写在黑板上，让大家投票，这样就能照顾到每个同学的想法了。

　　你认为该由谁来决定这笔钱的用处呢？一起想想吧！

? 思考：该由谁来定？

在考虑这个问题之前，我们要明白这笔钱是大家共有的。那么谁有决定权呢？是一个人、一部分人，还是所有人？

这里虽然只是在讨论班级里发生的事情，但是同学们可不要小瞧这个问题哦，其中可藏着管理国家、治理社会的大学问呢！

小孙主张由班主任决定，也就是由一个人决定，在他心中，班主任是权威的代表，她有权力和能力处置这笔钱。如果把班级比作一个社会，这就让人想到了"君主制"，由君主一个人拍板决定国家大事。但是，这样做也会存在一些问题，如果君主是昏君、暴君呢？他没有智慧用好这笔钱，或者只为自己牟利怎么办？

童童主张由全体班干部决定，也就是由一部分人决定。这就好比"贵族制"，在一个社会中，一小部分比较优秀的人组成一个团体，来决定整个社会的事情。那么，万一他们没有办法达成一致意见，甚至内部分成两派互相争斗怎么办？况且，他们要是合伙为自己牟取更多的利益怎么办呢？

小铭主张让所有人提意见，根据这些意见列出选项，然后大家投票。这就好比"民主制"，也就是少数人服从多数人。这种办法看似照顾了所有人的意见，但也存在着问题：多数人的看法就必定是正确的、有利的吗？毕竟，"多"和"正确"不是一回事。万一多数人被坏人的花言巧语所迷惑，选择了不利于民众的选项呢？

看来这真不是个简单的问题，一时半会竟然说不出到底哪种好！

这边还在争执"由谁来决定"，另一边已经在想该怎么花这笔钱了。

学习委员诚诚觉得可以用这笔钱买些奖品，用来奖励期末考试中各个科目上了九十分的同学，就他自己的成绩而言，肯定会拿到这些奖励的，但很多同学都不同意他的意见。

乐乐觉得可以用这笔钱买些文具和玩偶送给几位家庭困难的同学，让他们感受到班级的温暖和同学的友爱。这个想法得到了一些同学的支持。

小杉则建议把钱平分，大家拿了自己的那一份，想干啥就干啥！不少同学认为这个办法不错，又能多一笔零花钱了。但是也有人窃窃私语，表示不同意，因为有几个捣蛋鬼并没有为"优秀班级"出过力，班级反而因为他们被扣过分，凭什么他们还能拿到奖励呢？

花钱当然很容易，但是，怎么花这笔钱才合理呢？

? 思考：钱该怎么花？

诚诚的意见有利于成绩优异的那部分同学，还可以激励同学们好好学习，但凭什么其他人就该被忽视呢？

在一个集体中，总会出现能力、地位不同的人，如果我们奖励能力强的人，的确会刺激大家更加努力，但是也忽视了另一些默默无闻的人，这些人也想为集体多做点贡献，并已经努力了，虽然在成绩上达不到拔尖的水平，但他们在纪律和卫生等其他方面付出了很多。

乐乐更关注弱势群体，她的提议充满爱心，却很难对集体起到激励作用。如果一个集体的劳动成果全部送给某几个较为弱势的人，久而久之，大家便会失去努力的动力。

小杉认为应该人人平等，但这平等之中其实也暗含着"不平等"——没出力的人也能拿到奖赏。这样便很容易引起内讧，有些同学会因此觉得，他也不要为班集体做贡献了，反正到头来都一样！

那该怎么办呢？

真是抓破脑袋也想不出来，不过同学们不要灰心，这个问题同样难倒了很多大人，它是我们社会中常常会遇到的税收、分配、福利问题的简化版，要是你能解决这个问题，那可不得了呢！

第十二章

哲学家与哲学

哲学始祖泰勒斯

泰勒斯是古希腊的七贤之一。据说他是第一个研究天文学的人,他经常抬头观察天上的星星。有一次,在观察天象的时候,他不小心掉进了水坑里,他的呼救声引来了一个老妇人,老妇人斥责他说:"你只知道研究天上的事情,却连脚下的东西都看不见。"泰勒斯被救起来之后,告诉别人明天会下雨,果然,第二天真的下雨了。看来,这坑也没白掉。不过话说回来,什么样的人才永远不会掉进水坑里呢?只有那些躺在水坑里、从来不知道仰望星空的人才不会。眼前的事物固然不可忽视,但更伟大的东西总是值得我们去追求。

泰勒斯对数学也很有研究,相传他曾在埃及帮助人们测量了金字塔的高度。金字塔那么高,当时的科技并不发达,有什么简单的办法能够测量出它的高度呢?泰勒斯和法老以及民众一起来到金字塔周围,只见他站在金字塔旁边,在太阳的照射下,他的影子和金字塔的影子都被投射在地面上。他观察着自己的影子,随着阳光角度的变化,影子的长度也发生着变化。等到他的影子和自己的身高相等时,金字塔的影子也和金字塔本身的高度相等了,这个时候,只要在地面做上记号,量出金字塔影子的长度,便知道金字塔的高度了。其实呀,他所依据的就是我们今天在数学课上都会学到的"相似三角形"定理。

泰勒斯并不是那种只会学习、做研究的书呆子。当时有人嘲笑他虽然很有智慧,懂得哲学,却穷困潦倒,认为哲学并不能改善生活、给人财富,那还研究它干吗呢?泰勒斯用自己的实际行动反驳了这种看法。一年冬天,泰勒斯运用天文、数学和农业知识,预测到第二年夏天橄榄将会迎来大丰收。于是他在冬天就租下了当地所有油坊的榨油机。大家都不明白他为什么这么做,也没有人和他竞争,因此租金很低。到了第二年夏天,橄榄果然大丰收了,商人们收购了大量的橄榄,却没有榨油机,所有的榨油机都被泰勒斯租走了，想要榨油的人只能向泰勒斯租用，这时候，泰勒斯便可以随便定价，于是他把租金定得很高，获得了一大笔利润。正如后来的亚里士多德所说的，哲学家要想赚钱，是很容易的，只不过他们的兴趣不在于此。

泰勒斯把"水"提到了一个很高的位置，因为，一方面，万物生长需要吸收养分，这些为我们提供营养的东西中都含有水，例如，植物需要水来滋养，我们所吃的各种食物中也包含水分；另一方面，万物的种子都是潮湿的，而潮湿意味着什么呢？当我们说一样东西潮湿的时候，其实就是在说其中含有水。一切东西都包含水，并且需要水，因此他认为大地上的所有事物最开始都是从水中生长出来的。当时很多人都秉持着"神创造世界"的观点，泰勒斯却把目光投向了事物本身，寻找出所有事物共有的特点。这个观点在我们今天看来或许很奇怪，但是，其中所包含的思维方式十分值得我们学习。

145

芝诺与神奇的乌龟

芝诺是一位生活在意大利南部爱利亚的哲学家,他的老师巴门尼德也是当时颇有名气的哲人。巴门尼德认为整个世界是一个滚圆的球体,真实的东西是不变不动的,我们眼睛看到的、耳朵听到的,都是些转瞬即逝的假象。芝诺作为巴门尼德的学生,对老师的观点很是赞同,他同样认为"变动"是不存在的,并提出了不少证明来支持老师的观点。通过芝诺的分析,运动似乎真的变得不再可能!

一个著名的证明叫作"阿喀琉斯追乌龟"。

阿喀琉斯是希腊神话中骁勇善战的人,他非常强大,并且擅长奔跑。而乌龟,我们都知道,它们的行动非常迟缓。阿喀琉斯和乌龟赛跑,不用想都知道谁会赢。然而芝诺宣称,只要让乌龟先爬一段距离,阿喀琉斯就永远都追不上乌龟。

假设阿喀琉斯跑 100 米用 10 秒（10 米/秒），乌龟爬 10 米用 10 秒（1 米/秒）。比赛开始前，乌龟先爬 100 米。

当乌龟爬到 100 米时，阿喀琉斯出发，比赛正式开始。10 秒钟之后，阿喀琉斯跑到了 100 米的地方，而此时，乌龟已经又向前爬了 10 米；

阿喀琉斯跑 10 米要花掉 1 秒钟，1 秒钟之后，阿喀琉斯到达了乌龟刚刚所在的位置，但是乌龟也在爬呀，此时，乌龟已经又向前爬了 1 米；

要赶上乌龟，阿喀琉斯必须消灭这 1 米的差距。可是，当阿喀琉斯跑完这 1 米时，乌龟又会向前爬一段距离。阿喀琉斯每跑完一段距离，乌龟同时前进了一小步……这样一来，阿喀琉斯永远都不可能追上乌龟。

阿喀琉斯竟然赶不上乌龟！芝诺认为，如果我们相信运动是真实的，就必定会得出这种奇怪的结论。

真是如此吗？

聪明的你们有没有发现这个赛跑的蹊跷之处呢？

苏格拉底和他的助产术

　　苏格拉底与其他哲学家不同的地方在于他没有写过任何书。他喜欢面对面与人交谈，辩论各种哲学问题。有时候争辩过于激烈，对方还会气得对苏格拉底拳打脚踢，扯他的头发。

　　他如此热衷和人交谈，不是想炫耀自己的智慧，也不是想要改变别人的想法，而是他认为自己什么都不知道，交谈只是为了和大家一起发现真理。

　　苏格拉底的母亲是一个助产士，苏格拉底认为自己也是一位"助产士"，不过和母亲帮人接生小孩儿不同，他是帮人接生"思想"。所以呢，苏格拉底从来不认为自己已经掌握了真理，他认为真理已经存在于每个人的头脑里，他只不过是帮助别人发现这些好东西。

　　苏格拉底曾经用这种方法教一个小男孩数学知识，准确地说，是引导小男孩去思考。他认为，就算没学过数学，按这种方法，也能明白数学道理。

　　苏格拉底首先画了一个正方形，并经过边长的中点画了线。

　　"如果这个正方形的边长为2，它的一半就是1，那么就很容易知道这一块的面积是2。"苏格拉底说。

　　"是的。"

　　"由于这条边也是2，那么要算整个正方形的面积，不就得乘以2吗？"

　　"是的。"

　　"2乘2是多少？"

　　"4。"小男孩很快答出来了。

　　接着苏格拉底让小男孩画一个形状相同，但是面积是原先的2倍的图形。小男孩认为，将每一条边长扩大一倍就可以了。

很显然,4乘4等于16,这个图形的面积是原先的4倍。但是苏格拉底的要求是2倍,也就是8。那该怎么办呢?

苏格拉底重新画了四个正方形,并添加了几条线。

"这四个正方形是原先的4倍,对吗?"

"是的。"

"每一条线都把一个正方形分成了2份,而这些线围成的图形面积是多少呢?"

也就是说,这里有4个一半,原先的图形有2个一半,"4个一半"是"2个一半"的2倍,很显然,这个图形的面积就是原来图形的2倍。而这条线就是"对角线"。

很多人认为，既然苏格拉底这么聪明，那么他一定过得很好吧？就算没有荣华富贵，至少也受人尊重。

可惜事情并非如此。

"喋喋不休"的苏格拉底激怒了雅典人民，对于大多数人来说，即便他们认为智慧是个好东西，但和金钱、名声、地位相比，智慧就显得次要了，而且在苏格拉底面前，他们的无知暴露得很彻底，经常出丑或丢脸。

最终雅典人民以投票的方式（少数服从多数）决定将苏格拉底处死。

在监狱里，苏格拉底的学生们曾提议买通狱卒，让老师逃走，但是被苏格拉底拒绝了，他并不惧怕死亡。

正如他自己所说："我去死，而你们活着，哪一条路更好，只有神知道。"

柏拉图的洞穴

柏拉图在《理想国》这本书里讲了这样一个故事。

在一个地洞里面住着一群人,他们打小就住在这里,从来没有见过外面的世界。与其说是住在这里,不如说是被囚禁在洞里,他们的脖子、手和脚都被捆绑着,他们既不能走动,也不能扭头,只能看到眼前的洞壁。

在他们身后有一处较高的地方,那里有一个火堆,而火堆和他们之间,有一堵矮墙和一条路。在这条路上,走着一些人,他们举着各式各样的木头、石头做成的假人和假兽,边走边说话。这情景就像是木偶戏表演,演员举着木偶,做各种动作,观众看不到幕布后面的演员,只看到舞台上会说话的木偶。

同样,这些囚徒看不到自己背后发生着什么,火堆发出的光照在洞壁上,他们看到眼前洞壁上有各种假人、假兽的影子。囚徒虽然被绑着,但是能够交谈,他们互相交流这些影子的模样,发现大家看到的东西都一样,于是呢,他们就一致认为这些东西是真实的。

突然有一天,一个囚徒的锁链松了,他终于能站起身来到处走动,于是他环顾四周,看到了之前没有看到的情景——他看到了那个火堆和一些走动的真人。此时他眼花缭乱:这到底是怎么回事呢?难道自己之前看到的东西都是假的吗?一开始他难以适应,过了好一会儿,他的眼睛终于适应了火堆的亮光,他看看火堆,又看看那些走动的人和举着的假人、假兽,再看看那墙上的影子,总算弄清楚了一切。

就在这时,突然有人硬拉着他往洞外走。洞里面虽然有火堆,但总的来说还是很暗的,洞外此时正是阳光明媚的白天。从暗处一下子被拉到太阳底下,这个囚徒的眼睛直冒金星,他只觉得眼前的一切事物都朦朦胧胧的,怎么在阳光底下,还不如在黑暗的洞中看得清楚呢?

这当然不能怪阳光了!只能说,这个囚徒的眼睛还不能适应如此敞亮的地方。他一开始只能看清地上的身影、水中的倒影，后来他逐渐能够识别各种事物，像花草树木、人和小动物之类的东西，也弄清楚了地上的影子到底是怎么来的。他发现，要是没有阳光，就不会有影子；要是没有阳光，各种生物就没办法生长……刺痛他眼睛的太阳，竟然如此重要。

他心满意足地欣赏着这一切。他忽然又想到了仍然住在洞穴里面的同伴，那些可怜的人儿呀！见识过外面世界的他，宁愿在外面吃苦，也不愿意再回去了。

柏拉图用这个故事类比人们接受教育的过程，缺乏教育的人就像那些洞中的囚徒，他们看到的只是一些不够真实的东西。获得知识是一趟走向光明的向上之旅，这个过程并不会一帆风顺，就像眼睛不能一下子适应阳光，我们不可能一下子就获得真理，总需要一个循序渐进的过程。不过一切辛苦都是值得的，谁不想活在太阳底下做个自由自在的人呢？

柏拉图还思考了一个问题：要是这个囚徒回到山洞里，会发生什么呢？

他的眼睛肯定一时间适应不了洞里面的黑暗，他会看不清洞壁上的影子，这个时候，那些被囚禁的人也许还会嘲笑他：怎么出去了一趟，就把眼睛给弄坏了？还不如一直待在这里呢！

这样一来，他即便想要解救大家，又有谁会听他的呢？

柏拉图认为，囚徒们只会认为这个人已经疯了，他们会发生激烈的争吵，进而这个被解放的囚徒会成为公敌，没有人相信他，如果有可能的话，大家甚至会将他处死，就像大家处死苏格拉底一样。

柏拉图是苏格拉底的学生，这个故事也是在暗示苏格拉底的命运——苏格拉底就像那个见过光明的人，雅典民众就像一群生活在黑暗中的囚徒，一个见过光明的人如何说服一群习惯于昏暗的人呢？这是个问题。

安瑟尔谟和他的上帝

安瑟尔谟生活在1033—1109年的意大利,这一时期,教会统治着人们的思想,不信仰上帝的人会被视为无可救药的异端。

哲学就好比是神学的"婢女",也就是说,哲学如果想有立足之地,就必须为教会和信仰服务,它必须提供通往"上帝"的思想道路。

安瑟尔谟的思想无疑体现出这一时代的特点,他曾担任教会的大主教,也被认为是"经院(教会或修道院所办的学校)哲学家",他做过一件非常有意思的事情,就是为"上帝存在"提供哲学的证明。

一般来说,"上帝存在"对于人们来说只是一种信仰,信仰是不容置疑的,但对于那些不信仰上帝的人来说,有什么办法能让他们心服口服呢?

安瑟尔谟在自己的著作中提出这样一种证明:

前提1

因为上帝是一个被设想为"无与伦比的东西"。

前提2

因为无与伦比的东西不可能仅仅存在于我们的想象之中,它必须实际存在。

结论:上帝必然存在。

这个证明是怎么成立的呢?我们一起来看看吧!
前提1是什么意思呢?

安瑟尔谟认为，我们每个人心中都有一个"最伟大的东西"，不过，它不是指具体的某种东西，因为对于不同的人，他们所设想的"最伟大的东西"会有所不同。这种"最伟大的东西"的观念指的是一个人所能设想的关于"伟大"的极限，安瑟尔谟认为，就连最愚蠢的人也可以想象到这种东西，这种最伟大的、没有比它更伟大的东西就是"上帝"，所以，每个人心中都有上帝。

那么，现在的问题是：**心中有上帝，上帝就存在吗？**

我们来看前提 2。

安瑟尔谟认为，那个最伟大的东西不可能仅仅存在于我们的心中，否则，它就不是最伟大的东西了，因为我们还可以设想一个实际存在着的伟大者，它肯定会比仅仅在心中存在的东西更伟大。这么一看，最伟大的东西必须真实存在，它才可能是最伟大的。

于是安瑟尔谟便得出结论：上帝作为在每个人心里存在的、最伟大的东西，也必定真实存在。

这个证明一出，引得不少人反驳，其中法国修士高尼罗就写了篇文章批驳安瑟尔谟，他并不是不相信上帝，只不过他觉得安瑟尔谟的证明不能令人信服。

高尼罗认为，首先，心中所想的东西和实际存在的东西是两回事，就像画家在作画之前的构想和实际效果，就是两件事情，不能够画等号。那些不信仰上帝的人固然可以想象一个最伟大的观念，但他们完全可以是为了反驳它的存在而去想象的。

其次，"最伟大"并不一定实际存在，就好像我们可以想象一座最美丽的海岛，这座海岛并不真实存在于这个世界上，世界上的其他海岛虽然没有它美丽，却真实存在，那么，我们能说那座最美丽的海岛因为仅仅在幻想中存在，就变丑了？反而不如那些真实的海岛吗？

对于高尼罗的反驳，安瑟尔谟也给出了自己的回应。

安瑟尔谟觉得高尼罗没有理解他的意思,因为"最美丽的海岛"不等于我们所能设想的"最伟大的东西",我们完全可以想象比"最美丽的海岛"更完满的东西,是所能想象的最最最完满的东西(已经到我们想象的极限了),如果说这种最最最完满的东西不存在的话,反倒是一件不可思议的事了。

真的是这样吗?到底谁说得对呢?还是他们都不对?

同学们可以尝试提出自己的见解。

笛卡儿的怀疑

时间来到1596年,笛卡儿在法国出生了。那时候天主教教会依然统治着欧洲人的思想,信仰上帝被视为是唯一正确的道路。

然而,随着自然科学的发展,人们逐渐发觉,通过科学和理性的思考,似乎更能把握世界。

笛卡儿生活在新旧交替的时代,他八岁时就被送到欧洲最有名的学校之一——拉夫赖公学学习各种知识。

在自然科学方面,笛卡儿是一位大师级别的人物,他曾研究过物理学、数学、光学、解剖学,其中最为耀眼的成就要数他在数学领域所做的贡献,如今我们数学课本中讲到的"坐标系"就是他提出的。

笛卡儿还是一名哲学家,他关于哲学的思考也具有"承前启后"的特点,仿佛是时代的回音。

我们所相信的东西都是真实的吗?

某一天,这个问题出现在笛卡儿的脑海中。

他觉得自己从小就接收到了很多错误的东西,脑子里面塞满了各种谬见,在一条错误的道路上,走得越远只会错得越多。

那要怎么办呢?

他觉得是时候做一次清理了,于是他决定把自己脑子里的一切思想都拿出来质疑一番,就好像拿着放大镜去检查物品,但凡有一点瑕疵的,都扔掉不要。

这就是他著名的"怀疑一切"的方法。

首先被怀疑的是感觉。

他认为，感觉时常欺骗我们。

比如，我们现在坐在桌子前，手上拿着书，但我们怎么知道这不是在做梦呢？我们如何确定我们真的是坐在这里呢？要知道，我们在做梦的时候也能有同样的感觉（梦见自己坐在桌子前，像真的那样），但是那时候，我们是躺在床上呼呼大睡的。

感觉不可靠，所以周围世界就不一定是真实的，因为我们可能是在一场梦境之中。

笛卡儿接着思考：就算我们是在做梦，梦到了自己坐在桌子前，那么在现实中，总得有这张桌子吧。再退一步，就算桌子是假的，但手、脚、脑袋总是真的吧！那会不会手和脚也是我们想象出来的呢？要知道，梦中的东西并不一定能在现实中找到原型，比如长着羊头人身的怪物。

所以笛卡儿认为，手和脚之类的东西也不一定是真的，到底什么才是绝对不可怀疑的呢？

笛卡儿不愧是数学家，他突然想到，即便我们真的是在梦中，像"2+3=5"这样的数学知识也是无须怀疑的。不过他马上又推翻了这个想法，要是我们的世界被强大的恶魔所统治，它用强大的力量使我们相信"2+3=5"之类的数学法则，事实上这些数学法则都是不存在的，那该怎么办？

看来，连看似最确定的数学也是可疑的，那究竟还有没有无须怀疑的东西呢？

笛卡儿最终给出了自己的回答：当然是有的，那唯一的、无须怀疑的东西并不是当时人们所信仰的上帝，而是那个作为思考者的"我"。

我们可以怀疑世界上的一切，也可以怀疑自己头脑中的一切，但是我们不能怀疑"我们在进行怀疑"这回事。

怀疑是一种我们在脑袋里所进行的"思想活动"，即便我们的身体不一定是真的，但我们能思想必定是真的，我们可能并没有身体，但我们必定能"思想"，否则，我们根本没有办法进行这些怀疑！再说了，就算真有一个强大的恶魔要花招骗"我"，那不是刚好说明"我"是存在的吗？

后来，人们将笛卡儿的这一思想总结为一句话——

我思故我在。

康德与时空眼镜

提到康德,人们便会想到那个每天下午四点准时散步、生活极其规律的单身老头,康德的邻居们只要看到康德出门散步,就知道又到四点了。要是哪天康德没有出现,大家只会怀疑是教堂的钟坏了。

1724年,康德出生在德国的柯尼斯堡,十六岁时进入柯尼斯堡大学读书,自此打开了哲学之门。当然,事情并不是一帆风顺的,父亲的去世使家里的经济来源中断,康德不得不辍学去做家教。不过他并没有停止学习,1755年,他终于从家教摇身一变,成为柯尼斯堡大学的讲师。后来,康德又经历了一次申请教授职位的失败,直到1770年,他才成为柯尼斯堡大学的教授。

在成为教授之后的十年内,康德出奇地沉默,按理说,好不容易评上教授,他应该铆足干劲,大展身手,发表很多哲学著作。可事实上并没有,这是怎么回事呢?

原来他在谋划一部"巨著"!果不其然,1781年,他凭借《纯粹理性批判》一书震惊了欧洲。这本书火到什么程度呢?一本严肃的哲学书,能够在学生、老师之间广泛流传就已经很不错了,况且这本书十分难懂,但当时的贵族小姐、公子哥们纷纷以拥有此书为时髦的象征,可见其影响力之大。一时间,康德名声大噪。

之后康德陆续写出了《实践理性批判》《判断力批判》等书,这些著作使他的名字足以和柏拉图、亚里士多德等先贤共同出现在哲学史上。谁也没有想到,在小小的柯尼斯堡里,这位个头不高、样子不起眼、一辈子只出过一次远门的人,竟然有如此震撼人心的思想。

时间、空间是什么呢?

通常我们会认为,时间嘛,我们每天都能看到,手机屏幕上显示的时间、墙上挂钟指针走过的时间、电视机里时间的显示……一分钟、一小时、一天、一个月……这些都是时间。这么看来，时间是一种正在流逝着的东西，也是一种确确实实存在于世界上的东西。至于空间呢，就更简单了，我们睁开眼睛看到的都是"空间"，它就是指一块空着的地方，有了空间，我们才能摆放桌子、椅子、家具家电。简言之，"时间"和"空间"就是在我们之外的两种东西。

而康德则完全不赞同这种观点。他认为，世界上并不存在时间和空间这两种东西，我们是没办法找到它们的。你说时间在钟表里，可是那钟表分明就是一堆塑料；时间在手机屏幕上吗？可是在那里我们看到的只是一些数字。同样的道理，我们找不到纯粹的空间，我们看到的总是些个别事物，你能单独指出一个叫作"空间"的东西吗？

康德认为，之所以找不到，是因为"时间"和"空间"是我们作为人先天就有的功能。就好比我们戴着一副红色的眼镜，看到的东西就都会带有红色，时空就像一副眼镜，我们一出生就戴着它。我们之所以能感受到时间和空间，并不是因为真的有叫作"时间""空间"的东西，而是因为我们拥有一副天赐的"时空眼镜"。

哲学大师黑格尔

1788 年，十八岁的黑格尔进入德国图宾根大学学习，黑格尔所在的年代，正是德国人才辈出时期，他有两位舍友：荷尔德林和谢林。荷尔德林后来成为一名伟大的诗人，谢林自小就是个神童，他十五岁就进入大学学习，黑格尔还在埋头苦干的时候，他已经当上了教授。

黑格尔的哲学包罗万象，他把从古到今所有哲学家的思想囊括其中，在他看来，历史上不同人的思想并不是毫无关联的，而是一环扣一环，共同构成一条思想的巨链。

正因为这种无所不含的特点，不少人认为：在黑格尔之后，我们都不用再研究哲学了，因为该讲的都被他讲完了，大家各回各家，该干吗干吗。

黑格尔式的"包罗万象"，是把前人的思想一个个分门别类写进自己的书中吗？

并不是这样，这种不加思考就全盘接受的做法正是他极力批评的。

黑格尔认为，过往的哲学就好像一个厮杀的战场，各个哲学家提出的思想相互反对，每个哲学家都觉得自己克服了前人的弊端，发现了世界真理，新的哲学总是觉得自己杀死了旧哲学，于是哲学的战场上躺满了各种失去生命力的思想的尸体。

不过呢，新的哲学思想并不是简简单单地杀死旧哲学的。

黑格尔又将不同哲学思想比喻为花蕾、花朵和果实。花朵绽放的时候，花蕾消失了，但是花朵并不是把花蕾给"消灭"了，花朵就是从花蕾中生长出来的，没有花蕾，是无法凭空开出一朵花儿来的。

同样，一颗果实长出来时，花朵便凋谢了，但我们能说花朵是无关紧要的，果实才是一株植物唯一重要的东西吗？

当然不行，花蕾、花朵、果实都是属于同一株植物，它们是同一个生命体的不同环节，每一个环节之间并不相互矛盾、相互反对，它们都是必要的。

新的哲学总是从旧的哲学中生长出来，旧的哲学中的潜在要素在新的哲学中都被充分发挥出来了，就像花朵完成了花蕾的理想，果实完成了花朵的理想。

按照黑格尔的这种看法，他自己的哲学就是以往所有哲学结出来的果实，是最圆满的，因此他也是哲学的终结者。

黑格尔思想的魅力为他吸引了不少追随者，这些人认为哲学已经被黑格尔完成了，人们只需要在其思想的指导下补充一些细枝末节。当然，反对的声音也此起彼伏。

在黑格尔之后，哲学仍在继续。

包罗万象也不容易啊……

尼采和他的超人

尼采身上总是贴满了各种具有传奇色彩的标签：天才、疯子、诗人、战士。

尼采 1844 年出生在德国，二十五岁时成为古典语言学教授，他的著作不仅包含很深刻的思想，在遣词造句上也很有特点，不像大多数哲学家的作品那样枯燥无味，因此也被人称为诗人哲学家。

不过，尼采的身体和精神状态时常不太稳定，据说，1889 年 1 月，他在大街上看到马夫正在抽打一匹马，于是他抱住马的脖子哀号："我受苦受难的兄弟！"

在那之后，他便失去了理智，最终在家人的照料下度过余生。

尼采对西方的传统进行了猛烈的批判，甚至喊出"上帝死了"的口号，这是怎么回事呢？

其实，尼采所痛恨的是长久隐藏在"上帝"这个词背后的道德和文化。

基督教宣扬同情弱者，尼采认为，这种同情并不是出于对弱者的关爱，而是由于仇恨强者。

他觉得最早的基督教教士都是一些低等人，他们仇恨自己所得不到的好东西，比如权力、强健、智慧。

换句话说，尼采觉得这些人"吃不到葡萄就说葡萄酸"，于是他们到处宣扬只有贫穷、卑贱、无能才是好的，那些强者必须同情弱者，否则只能下地狱。

那上帝死了，人们该何去何从呢？

尼采提出了一种关于"超人"的理想。

尼采所说的超人并不是我们在电影里看到的披着披风、上天入地的超人，而是一种浑身洋溢着生命力量的更好的人类。

尼采认为，过往的人类已经被那些鼓吹虚弱的价值观荼毒已久，这些颓废的、没有生命力的人被尼采称作"末人"，而人类的希望在于"超人"。

末人对于生活没有任何崇高的追求，只满足于日常的庸庸碌碌，末人又像是柏拉图所讲的洞穴中被困的囚徒，满足于昏暗的洞中生活，还没有真正睁开眼睛。

而超人则积极向上，不过这种向上和"上帝"有所不同。如果说上帝是"天国的意义"，那么超人则是"大地的意义"，超人热烈地投入每一天的现实生活中，把生命的每一刻都活到了极致。

人 间 清 醒

蒯因：译不准和归纳法

蒯因，又叫奎因，1933 年毕业于哈佛大学，是著名的分析哲学家，他对语言、逻辑的思考为我们带来了很多启发。

他提出了一个有意思的理论，叫作"译不准原理"。他认为，不同语言之间的准确翻译是不可能的，换句话说，要把一种我们听不懂的语言翻译成中文，总会出现各种偏差。他举了一个例子来说明这种情况。

一个语言学家来到一个我们从来没有到过的地方，这个地方居住着一些原始人，他们说着语言学家听不懂的话，那么这个语言学家要怎么与这些原始人沟通呢？同学们也可以先动脑想一想再往下看。

语言学家只能听到原始人发出咿咿呀呀的声音，就好像我们没学英语的时候，听到英语时一头雾水，这时候语言学家该怎么办呢？语言学家只能用手来比画，就好像我们刚学英语时，用手指着苹果，说这是"apple"，这样就能通过声音和事物之间的关系来理解原始人的语言。

当一只兔子经过他们面前，原始人会发出"gavagai"的声音，经历多次同样的情况之后，语言学家便会将"gavagai"翻译成"兔子"。但是问题就出在这里，我们怎么知道"gavagai"指的就是兔子呢？由于当地人的生活习惯、说话用词的方式和我们不同，我们没有办法将他们的语言与我们的语言进行比较，所以蒯因给出了"翻译不确定"的判断。

蒯因另一个著名的观点是对归纳法的批判。

归纳法是什么呢？中国有句老话叫作"朝霞不出门，晚霞行千里"，意思是，如果早上抬头看到天边有彩霞，那么这一天会有雨，所以我们不要出门；如果傍晚看到天边有彩霞，那么第二天将会晴空万里，我们可以放心地出门。这句话所包含的经验是我们老祖宗在实际生活中总结出来的，这种总结的方法就是"归纳法"。

蒯因为什么要批评这种方法呢？

因为他认为这种方法得出的结论并不具有100%的确定性，我们却把它用到了科学研究中，由此，科学的严谨性就成了问题。比如，17世纪之前，欧洲人都理所应当地认为"天鹅是白色的"，因为他们只看到过白天鹅，但后来荷兰探险家在澳大利亚西海岸发现了黑天鹅，这才打破了人们一贯的看法。"归纳法"得出结论靠的是数量的累积，但是要累积到什么程度才可以达到100%的确定性呢？要验证100次？1000次？还是10000次呢？万一那只"黑天鹅"出现在10001次，又该怎么办呢？

意外的情况是我们无法预料的，无论我们把验证的次数增加到多少次，都没有办法得到100%的确定性。在日常生活中我们固然可以继续使用这种方法，但是，在科学实验中，这种方法是否可靠，蒯因认为，这有必要好好思考一番。

维特根斯坦：消除哲学问题

维特根斯坦是20世纪著名的哲学家，他出生在维也纳，父亲是当地的钢铁大亨。由于家族显赫，时常有艺术家、音乐家来他家里做客，从小的耳濡目染使得维特根斯坦颇具艺术细胞。维特根斯坦对工程机械也十分热爱，据说他十岁的时候就制造出了一台简易的缝纫机。

维特根斯坦在大学期间，前前后后修习过航天工程、数学，最终转向了哲学。他在英国剑桥大学的老师罗素也是位著名的哲学家。有一天，维特根斯坦跑去问罗素："你看我是不是一个十足的白痴？"罗素不明白他为什么这么问。维特根斯坦接着说："如果我是一个白痴，我就去做个飞艇驾驶员，如果不是，我就会成为哲学家。"毫无疑问，维特根斯坦是个天才。

维特根斯坦年轻的时候对逻辑十分感兴趣，他写了一本叫作《逻辑哲学论》的书，并宣称自己在这本书中已经把所有的哲学问题给解决了，之后便断然放弃哲学研究，跑到一个小山村当起了小学老师，后来他还当过园丁、建筑师。

1928年，维特根斯坦重新返回剑桥大学，此时他的哲学思想已经发生了变化。

维特根斯坦认为，哲学问题之所以存在，并不是因为有什么真正的"大问题"，而是因为哲学家——这些"提出问题的人"陷入了困境。他认为哲学家就像一只困在瓶子里的苍蝇，不知道出路在哪儿，因此，他给自己安排的哲学任务就是"给苍蝇指一条出路"。他认为，那些为难哲学家成百上千年的哲学问题，解决的办法并不是为它们寻找一个确切的答案，而在于"取消问题"，也就是让问题不再是问题。

在他看来，很多哲学问题都出于人们对"语言"的误解。比如说，我们可以问"桌子是什么""椅子是什么"，这种"是什么"的提问方式适用于普通的名词，但并不适用于所有事物。"时间"这个词语就不能这么问。

很多哲学家都在思考"时间是什么"，但时间不是一种东西，我们没办法确切地指出它是什么。在日常生活中，人们完全可以毫无障碍地理解"时间"，像我们所使用的"今天""昨天""一分钟"等词语都是用来描述时间的，要是非要问它是什么，反而会让人的头脑陷入混乱。

维特根斯坦认为，语言就像是一个大工具箱，不同的词语具有不同的功能，并不是所有的词语都是具体东西的名称，我们没有办法给所有的词语找到一个对应的物品。比如，当我们说"5个红苹果"的时候，"5个"所表明的是东西的数量，我们要去数"1、2、3、4、5"，在这种计数的活动中去理解词语；"红"指的是某种颜色，需要我们去比较不同的颜色，也就是在一种比较的活动中去理解词语；整句话中只有"苹果"这个词语能对应到一个具体的东西。

因此，维特根斯坦强调：不要想，但要看！

也就是说，我们要在语言的实际运用中去理解语言。他认为，对于语言的思考十分重要，要是误解了词语，就会陷入各种荒唐的哲学问题中去。